高速铁路对小微企业经营的影响研究

邹文博　许泳昊　◎　著

中国财经出版传媒集团
中国财政经济出版社
北京

图书在版编目（CIP）数据

高速铁路对小微企业经营的影响研究 / 邹文博，许泳昊著. -- 北京 : 中国财政经济出版社，2024.9
ISBN 978-7-5223-3185-0

Ⅰ. ①高… Ⅱ. ①邹… ②许… Ⅲ. ①高速铁路—影响—中小企业—企业经营管理—研究—中国 Ⅳ. ①F279.243

中国国家版本馆CIP数据核字(2024)第103018号

责任编辑：高文欣　　责任印制：史大鹏
封面设计：智点创意　　责任校对：张　凡

高速铁路对小微企业经营的影响研究
GAOSU TIELU DUI XIAOWEIQIYE JINGYING DE YINGXIANG YANJIU

中国财政经济出版社 出版
URL：http：//www. cfeph. cn
E－mail：cfeph@ cfeph. cn

社址：北京市海淀区阜成路甲 28 号　邮政编码：100142
营销中心电话：010－88191522
天猫网店：中国财政经济出版社旗舰店
网址：https：//zgczjjcbs. tmall. com
中煤（北京）印务有限公司印刷　各地新华书店经销
成品尺寸：170mm×240mm　16 开　9.5 印张　140 000 字
2024 年 9 月第 1 版　2024 年 9 月北京第 1 次印刷
定价：42.00 元
ISBN 978－7－5223－3185－0
（图书出现印装问题，本社负责调换，电话：010－88190548）
本社质量投诉电话：010－88190744
打击盗版举报热线：010－88191661　QQ：2242791300

前　言

交通基础设施作为现代社会经济发展的重要基石，在推动经济增长、促进区域均衡发展以及增强国家竞争力方面扮演着日益重要的角色。特别是高速铁路的建设引发了全球广泛的研究。本书聚焦于此核心议题，深入探讨了中国高速铁路建设对小微企业经营的深远影响，同时剖析了高铁“出海”所面临的巨大潜力与挑战。

历经数十载的飞速发展，中国已经构建了一个引人瞩目的高铁网络。自 1997 年的铁路大提速，到 2008 年“京津城际高铁”的开通，再到现今“八纵八横”的宏伟蓝图，中国高铁以 350 公里的时速，将各大城市紧密相连，显著缩短了人们的出行时间，拉近了地理距离。这不仅极大地促进了人员和物资的快速流动，更在技术交流与知识传播方面发挥了举足轻重的作用。高铁的迅猛发展，促进了人力资本的空间流动，提高了城市对各类技能人才的吸引力，进而推动了知识的传播与技术的扩散，为提升区域创新能力注入了新的活力。

当前，中国经济正由高速增长转向高质量发展，探讨高铁在资源配置与创新驱动方面的作用显得尤为重要。本书正是立足于此背景，将研究视角投向小微企业——这一市场经济中不可或缺的组成部分。通过构建一般均衡模型，并结合全国税收调查数据，我们深入剖析了交通基础设施建设，尤其是高速铁路建设对小微企业经营的深远影响。

此外，本书还对中国高铁的国际化进程进行了全面的探讨。

随着“一带一路”倡议的深入推进，凭借独特的技术优势、丰富的运营经验与完善的标准体系，中国高铁正逐步走向世界舞台的中央。从伊安高铁到南非电力机车，从雅万高铁到中老昆万铁路，中国高铁在国际市场上取得了一系列显著的突破。这既体现了中国制造业的实力，也代表了中国智慧与方案的输出。

在撰写本书的过程中，我们力求实现理论与实践的完美结合，历史与现实的有机交融。我们期望通过深入的研究，为政策制定者、研究者与企业家提供有益的参考与启示，共同推动中国高铁事业的持续发展，并为全球经济的深度融合与人类的共同进步贡献力量。在此，本书感谢国家自然科学基金青年项目（72202235）、高等学校学科创新引智基地（B21038）、中南财经政法大学中央高校基本科研业务费专项资金（2722024EJ011）、中国博士后科学基金（2023T160731）的资助。

最后，我们要衷心感谢所有为本书提供支持与帮助的同仁和朋友。他们的宝贵意见与建议，使本书更加完善与充实。同时，本书也感谢国家自然科学青年基金的大力支持，以及孙雪萌和张飞扬两位同学对于本书的修订。未来，我们将持续关注高铁事业的发展动态，深入研究其在经济社会发展中的新作用与新挑战，以期为读者提供更多有价值的研究成果。

目　录

第1章
引　言

交通基础设施，特别是高速铁路的建设，在推动经济发展中具有举足轻重的地位，这一观点已得到多位学者的印证（Fernald，1999；Duranton & Turner，2011；胡鞍钢和刘生龙，2011；Donaldson，2018）。对于中国这样一个历经飞速发展的国家来说，交通基础设施的完善更是功不可没（Bai & Qian，2010；张学良，2012；刘冲和周黎安，2014）。自1997年中国铁路的大提速标志着其首次跨越式发展开始，到2007年高速铁路建设的蓬勃兴起，再到2008年“京津城际高铁”的开通，中国已在短短十年内构建起了壮观的“八纵八横”高铁网络，时速高达350公里。截至2020年底，中国高铁运营总里程已达3.8万公里，占全球高铁总里程的2/3以上，其中运营时速300公里及以上的线路超过1.5万公里。高速铁路的迅猛发展极大地缩短了人们的出行时间，并拉近了城市间的时空距离。

在中国，高速铁路不仅促进了人员和物资的流动，更在技术扩散和知识传播方面发挥了至关重要的作用。高铁显著降低了劳动力的流动成本，加速了人力资本的空间流动，同时也增强了城市对各种技能人才的吸引力。这些高技能人才作为技术创新和知识交流的重要媒介，其跨地区流动进一步推动了知识的传播和技术的扩散，从而提升了区域的创新能力。当前，中国经济正处在由高速增长转向高质量发展的关键时期，探讨高铁如何在资源配置和创新促进方面发挥作用，已成为一个重要的研究课题。

本书将研究焦点投向了小型企业和微型企业（以下简称“小微企业”），这些企业是中国市场经济不可或缺的一部分。随着其数量的不断增加，小微企业在国民经济和社会发展中的作用日益凸显。然而，与大中型企业相比，小微企业在员工规模、资金状况和发展历程等方面均存在显著差异。因此，交通基础设施对其影响也可能呈现出不同的特点。

鉴于此，本书深入探讨了高速铁路建设对小微企业经营的影响。通过构建一般均衡模型，我们从理论上分析了交通基础设施建设对企业经营的影响，并结合全国税收调查数据进行了实证研究。此外，本书还通过探讨高速铁路出海的案例，对未来中国交通基础设施建设的发展方向进行了展望。我们希望通过这些研究，能为政策制定者、研究者和企业家提供有益的参考和启示。

1.1 小微企业的发展历程

小微企业在中国社会经济发展过程中发挥着重要作用。《全国经济普查系列报告》的统计数据显示，改革开放以来，小微企业的总量规模不断发展壮大。截止到 2017 年，我国共有 2300 多万家小微企业，其中个体工商户 5000 多万家，小型企业 321.2 万家，占比 13.8%；微型企业 2006.6 万家，占比 86.2%。由此可见，小微企业在我国的经济组成中逐步占据了重要地位，对经济的贡献度也在逐年增加。

1978 年改革开放前，中国大多数企业是以公有制为主体的国有大型工业企业。随着中国市场经济的不断发展，内需市场的繁荣带动了家庭作坊式企业和乡镇企业的蓬勃发展，成为改革开放初期小微企业发展的典型特征。1990 年后，随着我国改革开放事业的顺利推进，中国东南沿海地区涌现出一大批加工出口企业及其配套的小微企业，我国的企业组成也从单一的国有制转变为多重所有制并存的新格局，主要包括了全民所有制、集体所有制和私营所有制等形式。进入 2000 年以来，随着全球化的进程，小微企业得到深入发展，同时也逐渐暴露出一些风险问题，但是小微企业一直攻坚克难，不断发展壮大，在当前的国民经济发展中扮演着越来越重要的角色。

在发展过程中，小微企业的界定也逐步形成清晰的脉络。1988 年，中国颁布了《大中小型企业划分标准》，首次严格按照企业的规模大小，将企业分成特大型、大型、中型和小型企业。到了1999年，我国重新调整了企业的分类标准，此次以企业的销售额为基准进行分类，分类标准仍然保持四级的形式。2003年，我国借鉴了欧美等国家的经验方法，采用资产总额、雇佣人数和企业销售额三个维度的指标来进行分类，并同时出台了《中小企业标准暂行规定》。2011年，我国首次提出了小微企业这个概念，明确界定了小微企业的范围，主要包括小型企业、微型企业、个体工商户和家庭作坊式企业。与此同时，国家进一步根据企业的收入、资产、人员类型来细化分类，从更加微观的维度明确了小微企业的一些基本标准。本书总结了相关分类标准，详见表1-1。

表1-1　　中国小微企业划分标准

行业名称	指标名称	计量单位	小型企业	微型企业
农、林、牧、渔业	营业收入（Y）	万元	50≤Y<500	Y<50
工业	从业人员（X）	人	20≤X<300	X<20
	营业收入（Y）	万元	300≤Y<2000	Y<300
建筑业	营业收入（Y）	万元	300≤Y<6000	Y<300
	资产总额（Z）	万元	300≤Z<5000	Z<300
批发业	从业人员（X）	人	5≤X<20	X<5
	营业收入（Y）	万元	1000≤Y<5000	Y<1000
零售业	从业人员（X）	人	10≤X<50	X<10
	营业收入（Y）	万元	100≤Y<500	Y<100
交通运输业	从业人员（X）	人	20≤X<300	X<20
	营业收入（Y）	万元	200≤Y<3000	Y<200
仓储业	从业人员（X）	人	20≤X<300	X<20
	营业收入（Y）	万元	100≤Y<1000	Y<100
邮政业	从业人员（X）	人	20≤X<300	X<20
	营业收入（Y）	万元	100≤Y<2000	Y<100
住宿业	从业人员（X）	人	10≤X<100	X<10
	营业收入（Y）	万元	100≤Y<2000	Y<100
餐饮业	从业人员（X）	人	10≤X<100	X<10
	营业收入（Y）	万元	100≤Y<2000	Y<100
信息传输业	从业人员（X）	人	10≤X<100	X<10
	营业收入（Y）	万元	100≤Y<1000	Y<100

续表

行业名称	指标名称	计量单位	小型企业	微型企业
软件和信息技术服务业	从业人员（X）	人	10≤X＜100	X＜10
	营业收入（Y）	万元	50≤Y＜1000	Y＜50
房地产开发经营业	营业收入（Y）	万元	100≤Y＜1000	Y＜100
	资产总额（Z）	万元	2000≤Z＜5000	Z＜2000
物业管理业	从业人员（X）	人	100≤X＜300	X＜100
	营业收入（Y）	万元	500≤Y＜1000	Y＜500
租赁和商务服务业	从业人员（X）	人	10≤X＜100	X＜10
	资产总额（Z）	万元	100≤Z＜8000	Z＜100
其他非列名行业	从业人员（X）	人	10≤X＜100	X＜10

此外，我国陆续出台了一系列政策措施，为中小微企业的发展营造了良好的环境，不断促进中小微企业提质增效。2002 年，我国颁布了《中华人民共和国中小企业促进法》，在法律层面为小微企业的发展提供了支持。2009 年，国务院出台了《国务院关于进一步促进中小企业发展的若干意见》，多措并举支持小微企业发展，帮助中小企业克服经营困难，转变发展方式，实现快速发展。2011 年 10 月，国务院正式发布了关于政策支持小微个体企业快速成长和健康发展的 9 条重大财税、金融投资优惠政策；中国银监会后续下发的“银十条”将其作为一项重要补充政策通知，涉及小微个体企业贷款的平均增速、规模和金融服务中介机构的准入以及专项贷款等资金；同年 11 月，包括财政部在内的多家中央部委陆续出台政策措施，对小微企业实施简政放权，免除了多达 22 项行政事业收费。2012 年 2 月，国务院正式批准出台“国四条”，决定在各级地方安排一批总额为 150 亿元的中央财政资金，进一步支持了小微企业的健康发展。

党的十八大以来，随着改革不断纵深推进，个体参与市场运行的行为逐渐增加，小微企业的规模及数量持续扩大。这不仅进一步优化了我国国民经济发展的结构，也提升了我国市场经济发展的整体活力。随着我国迈入高质量发展阶段，我国政府持续出台各项措施，以进一步提升中小微企业的高质量发展。2014 年，我国出台《关于扶持小型微型企业健康发展的意见》，从继续加强企业金融政策支持、财税政策优惠、创业基地的建设等各个方面相应提出了一系列的激励政策措施，进而促进小微企业高质量发展。2015 年，银监会出台《关于 2015 年小微企业金融服务工作的指导意见》，旨在减轻小微企业的资金紧张状况，缓解小微企业的资金压力，释放更多小微企业信贷额度。2016 年，工业和信息化部出台《促进中小企业发展规划（2016—2020 年）》，明确了政府关于小微企业的总体发展规划，有效引导中小企业的长期健康发展。2017 年的政府工作报告明确提出，要减轻小微企业的非税收负担，针对小微企业，要进一步拓宽其减半征收企业所得税的优惠范畴。2018 年，国务院再次推出七项减税政策，促进创新创业和小微企业高质量发展。2019 年，财政部等部委发布《关于实施小微企业普惠性税收减免政策的通知》，通过更加具体的政策措施给小微企业的税收减负。

在中国，小微企业的发展虽然面临着多重风险，但从总体上看，小微企业的总规模在持续扩大，其在我国经济发展中扮演的角色也越来越重要。根据国家统计局经济普查数据，2004 年的第一次全国经济普查的数据显示，中小企业共有 360. 4 万家，个体户近 2351 万家。到 2008 年第二次全国经济普查中的数据显示，中国中小企业数量增至 494. 2 万家，比 2004 年平均每年增加 46. 7 万家；中小企业的从业人员有 1. 7 亿人，和 2004 年相比较，年均增加 17. 3%；营业收入达到了 72. 2 万亿元，营业净利润达到了 4. 8 万亿元。2013 年，第三次经济普查的数据显示，我国总计小微企业 785 万家，占到我国企业总数的 95. 6%。具体来说，2009—2013 年新增 450 万家左右小微企业，这些企业的总资产规模达到了近 140 万亿元，营业收入超过了 80 万亿元。2017 年，第四次全国国民经济状况普查的一个系列数据报告中的数据分析显示，截止到 2017 年 7 月末，中国已经出现有 2327. 8 万家小微型企业，5000. 3 万家个体工商户；其中小型企业 321. 2 万家，占比 13. 8%；微型企业 2006. 6 万家，占比 86. 2%。历次的普查数据分析表明，中国小微企业整体呈现出了质量和数量双提升。随着我国特色社会主义建设步伐的持续深入，小微企业的发展进一步实现了提质增效，其在国民经济和社会发展中的地位也在不断巩固。

本书通过历次的经济普查数据可以看到，小微企业的规模和数量在不断扩大，体现出了投融资的主体与其组织方式的多样性、出资方式和生产销售的灵活性等特征，在国民经济的发展中发挥着重要的地位和关键的推动作用。小微企业在我国经济发展中的重要作用体现在以下四个方面。

第一，小微企业已成为我国经济增长的主要动力源之一。根据国家统计局的相关数据，2004—2017 年全国小微企业规模和数量均呈现井喷式增长。到 2017 年，我国已经约有 2400 万家小微企业。根据相关统计测算，小微企业不仅创造了近 60% 的国民财富，还创造了 50% 的税收收入。统计数据表明，我国的小微企业的税额贡献程度远高于大型企业，进一步证明了小微企业对我国的经济发展起到重要的作用。

第二，小微企业显著提高了就业水平，是维护社会稳定的重要载体。小微企业所涉及的行业范围广泛，是提高劳动力就业的重要途径，已经提供了超过 70% 的城镇劳动力就业岗位。国家统计局公布的相关资料显示，国有企业下岗的人员中 80% 都在中小型企业内部实现了再就业，其中相当大的一部分人才选择到中小型企业内部继续就业；近些年，小微型企业也已经开始逐渐成为一些本科院校应届学生的就业首选。因此，小微企业吸纳就业的能力非常强，已成为保障我国基本就业民生的重要一环。

第三，小微企业被视为技术革命和创新的重要力量。由于其本身体量相对较小，小微企业在生产经营、融资担保、产品创新方面灵活性更高，更能够适应市场变化，进而使一些行业中的小微企业更易于进行技术创新，而这些技术创新反过来又能够进一步推动小微企业在市场上的经营与发展。其中，最典型的例子就是科创小微企业，该类企业凭借其前沿的技术理念和良好的融资能力，成为科技创新的重要推动力量。近年来，随着中小企业产业结构的进一步优化调整，它们已经逐渐发展成为技术创新的主力。根据统计数据测算，我国超过 60% 的发明专利、70% 以上的企业自主创新、80% 以上的技术开发均源自小微企业。

第四，小微企业的蓬勃发展和日益壮大直接推动了我国产业结构的重新调整与结构优化后的转型。这一过程催生出了一批现代新兴产业，已经不断发展壮大成为现代服务业、信息电子技术、新兴互联网、生物医药等一批现代新兴产业的重要支撑者。“小而优”“小而专”的小微企业，以其灵活的组织管理架构，简洁高效的管理方式，灵活方便的生产流程，更加有利于给大型企业提供下游协作式服务，最终实现与大企业共同发展、互相补充、互利共赢的局面。

可见，小微企业的发展对我国的经济高质量发展具有重要的推动作用。任何外部政策都会对小微企业产生巨大的影响。本书使用小微企业的微观数据，研究外部的政策冲击如何对小微企业的全要素生产率、生产经营等方面产生影响。特别地，高速铁路作为一项重要的基础设施政策冲击，本书选取其作为政策冲击，以研究在这一政策冲击下，小微企业的生产经营的影响。

1.2 中国高速铁路的发展历程

交通基础设施建设是影响经济发展的重要外部政策因素，能够改变所在沿线地区的物流、人口、外贸等状况，从而在沿线的重点区域产生较大的经济影响。自从改革开放以来，中国的交通基础设施工程的建设取得了巨大成就，尤其在高速铁路运输及轨道交通建设方面，更是取得了突出成绩。

中国地域辽阔，宽广的市场促进了高速铁路相关技术的引入，并且有利于相关技术的实施，且大规模的应用可以大幅度摊薄研发成本。例如，1964 年开通的日本新干线在 50 余年的时期内，累计向外地区发送的乘车旅客已经超过 70 亿人次；与之相比，中国高速铁路自开通 7 年来，累积运输旅客已接近 40 亿人次，且随着全国各地新的高速铁路不断建成，运送旅客量还在以每年 10 亿人次的速度不断增长。中国坚实有力的基础设施建设和制造业发展能力确保了中国的高速铁路建造。中国完整的工业化制造体系不仅使中国在生产和销售大批量工业化产品时，具备较好的供应链控制和管理能力，并且使中国在建设高速铁路时花费较低的成本，使之在国际市场上具备竞争优势。以巨大的消费市场资源作为基础和支撑，中国的高速铁路企业能够完全实现规模化生产。就制造高铁的科学技术领域而言，相较其他几个国家，其单位的能耗和费用都具有明显的价格和成本优势。

此外，国家产业政策的支持与合理引导也进一步促进了高速铁路的合理和快速发展。《中长期铁路路网规划》提出，中国计划到 2020 年建成

“八纵八横”的高速铁路网，这一规模与国民经济体量大体相当。2020年左右，高速铁路网络能够保证连接全国所有省会城市和较大规模城市并覆盖90%以上的人口，进一步便捷国民的出行。为凸显北京的交通枢纽地位并打造相应的城市群，还规划以北京和部分中心城市为核心，打造8小时、4小时、3小时、2小时、1小时交通城市圈。可以看到，中国高铁的发展正在按照规划稳步向前推进，为国民经济发展提供了持续动力。中国铁路展现了与国力相适应并极具前瞻性的发展思路，无疑为其他国家提供了宝贵的借鉴。与此同时，国家产业政策提供了稳健的顶层设计，中国铁路技术进步措施得当，实现了二者的完美契合，从而实现了较好的制度设计理念。

从历史脉络来看，中国高速铁路建设经历了多个重要的发展节点。1964年，日本新中部干线正式开通，中国政府也由此开始高度重视境外高速铁路的发展。1978年，邓小平在访问日本期间，详细考察了日本新干线铁路，乘坐国铁东海道新西部干线由东京机场出发前往日本京都，当即就指出我国也要建设新一代的高速铁路。1980年初，中国开始规划高铁建设，但仍以提升现有铁路速度为主要目标。从1997年开始，中国的铁路先后经历了五次规模较大的提速，平均时速由55千米/小时提升至65千米/小时，实现了跨越式发展。2004年以来，中国政府通过公开市场招标的形式，对高速铁路电力动车组的制造工艺技术进行了多次招标。招标时的文件明确了每次投标的项目主体都必须是国内先进企业，同时该企业必须是在获得国外先进设备技术的政策扶持和技术支撑，并在国内接纳国外企业引进的一些新型外国先进技术后，通过部件及设计的改进和技术转化，实现掌握核心技术并有能力制造下一代国产高速列车的目标。2007年开始，中国在实现第六次大提速的同时，高速动车在既有线路的提速运行也同步进行。

自从2008年《中长期铁路网规划》出台以来，我国的高速铁路建设迎来了快速发展时期，多个高铁项目陆续推进建设。2008年，我国第一条高速铁路京津城际高速铁路开通，之后迎来了建设的爆发期。此后，中国先后建成武广高铁、郑西高铁、沪宁城际铁路、京沪高铁、哈大高铁等多条线路，运营总里程超过了1万公里，通车里程稳居世界第一，“四纵”

干线基本建成。2014 年，高速铁路进入第二轮大规模建设。2016 年 9 月，我国的高速铁路总里程数已经超过了 2 万公里。同年 7 月，在“四纵四横”的战略布局基础上，国务院正式批复“八纵八横”的高速铁路发展战略规划，进一步完善了高速铁路的交通网络和布局，将更多欠发达地区纳入到高速铁路网中。这一时期，高速铁路的建设主要集中在中西部地区，促进了这些地区高速铁路网的进一步完善。特别值得一提的是，内蒙古地区首次开通了高速铁路。截至 2019 年底，中国已经建成了 30 余条高速铁路客运专线，这些线路的平均运营速度介于 250 公里至 350 公里，总运营里程达 2. 9 万公里，通车运营里程一直稳居全球第一。仅用 10 年时间，中国迅速建成了世界规模最大、运行速度最快的高铁网络。

1.3 研究问题

本书主要关注小微企业受到高铁开通冲击的影响，并结合相关文献探究高铁开通对于企业以及宏观经济的影响。本书主要围绕以下四个问题开展研究。

第一，高铁开通对小微企业生产经营绩效的整体影响是什么？高铁开通优化了要素在小微企业的配置效率，进一步影响了其生产经营。本书选取全要素生产率（TFP）来衡量小微企业的生产经营情况，其中，全要素生产率衡量了企业的生产效率。本书量化估计了高铁开通为小微企业带来的 TFP 提升程度，并探讨了不同特征的小微企业受到的异质性影响。

第二，高铁开通对小微企业产生影响的潜在机制是什么？考虑到高铁主要是促进了人口跨地区的自由流动，本书从要素配置效率的角度解释了高铁如何通过影响劳动力的配置效率，进而影响资本和研发投入的配置效率，最终促进了小微企业间各类要素的有效配置，并探讨了不同特征的小微企业受到的异质性影响。

第三，高铁开通对小微企业出口造成怎样的影响？通过构建中小企业的出口规模，本书探究了高铁开通对企业国际市场竞争能力的影响。进一步地，本书还研究了高速铁路开通对不同区域小微企业的影响，探究了开通铁路对边境和非边境省份小微企业的影响，以及对不同城市群小微企业的影响。

第四，本书结合了交通运输对经济影响的学术文献以及高铁出海的案例，探究了我国未来基础设施建设，尤其是高铁出海对于国家经济的促进作用，并提出了可行的政策建议。

1.4 研究意义与创新

1.4.1 理论与政策意义

本书的研究主要围绕小微企业在政策冲击下的全要素生产率变化展开，特别关注了高速铁路这一重要交通基础设施对小微企业的影响。以下是本书的主要理论与政策意义。

首先，现有的全要素生产率研究主要集中在规模以上企业和上市企业，而对小微企业的关注相对较少。这主要是由于数据获取等方面的困难，导致学界对小微企业的研究相对滞后。然而，小微企业作为经济体系中的重要组成部分，其生产效率和发展状况对经济整体运行具有重要影响。因此，本书将小微企业作为研究对象，深入探讨了政策冲击下小微企业全要素生产率的变化情况，旨在填补这一研究领域的空白。

其次，关于高速铁路对企业生产效率的影响，现有研究主要集中在宏观经济层面，而对高速铁路如何影响要素配置效率的探讨相对较少。高速铁路作为一项重要的交通基础设施，不仅改善了地区的交通状况，更在微观层面对企业的生产经营产生了深远影响。本书特别关注了劳动力、资金、技术投入等要素在高速铁路影响下的配置效率变化，并深入探讨了高铁开通对小微企业要素配置的改善效应。这一研究不仅丰富了关于基础设施建设对企业发展影响的微观机制的讨论，也为理解高速铁路在经济体系中的作用提供了新的视角。

进一步地，本书强调了高速铁路对不同地理位置的小微企业发展的差异化影响。高速铁路的开通改善了沿线地区的交通状况，降低了运输成本和时间成本，使企业能够更高效地获取资源和市场机会。然而，这种影响在不同地区之间存在差异，这些差异取决于当地的经济发展水平、产业结构以及小微企业的自身特点等因素。因此，本书深入研究了高速铁路开通对各类要素配置效率的影响，并进一步探讨了由此产生的对小微企业全要素生产率和出口的影响。这一研究有助于更全面地理解高速铁路对小微企业发展的作用机制及其在不同地区的差异性表现。

从政策制定的角度来看，本书的研究结论具有重要的启示意义。一方面，高速铁路的建设对企业发展具有积极的推动作用，政府应该继续加大对高速铁路建设的投入力度，扩大高速铁路的覆盖范围并提升服务质量，以充分发挥其对企业和经济发展的促进作用。另一方面，政府在制定相关政策时，应充分考虑到不同地区小微企业的特点和需求，制定更具针对性和可操作性的政策措施，以推动小微企业的健康发展。此外，对于高速铁路欠发达的国家和地区来说，本书的研究结论也为其制定相关政策提供了有益的参考和借鉴价值。

1.4.2 研究创新

本书的创新点主要体现在以下五个方面：

第一，本书在研究主体上实现了创新。以往的研究大多聚焦于规模以上企业及上市企业，而对小微企业的关注相对较少。这主要是因为小微企业数据获取的难度较大，且在过去几年中，受外部环境制约，小微企业的发展并不理想，因此未受到市场的足够重视。然而，小微企业作为中国经济的重要组成部分，在实现共同富裕的大背景下，研究政策冲击对其发展的影响显得尤为重要。本书的研究填补了国内对小微企业相关研究的空白，为提高劳动报酬、缩小收入差距、实现共同富裕提供了新的视角。

第二，本书从竞争和资源再分配的角度出发，为交通基础设施促进经济发展的新机制提供了证据，对既有文献具有重要的补充意义。本书发现，交通运输成本的降低引发了市场竞争效应，使低效率的企业退出市场，同时资源向具有竞争力的行业及企业转移和配置，从而提高了整个经济的运行效率。这一发现为理解交通基础设施在经济发展中的作用提供了新的思路。

第三，本书从要素配置效率的角度，特别是劳动力、资金和研发投入的配置效率，深入研究了高速铁路开通对人员流动以及所在城市小微企业的影响。研究发现，高速铁路的开通加速了劳动力的迁移和流动，使劳动力从低层次城市向高层次城市流动，产生了“虹吸效应”。在企业层面，劳动力更多流向了等级较高、实力较强的企业。然而，长期来看，高速铁路的开通并未对小微企业的研发投入产生负面影响。这一发现有助于更全面地理解高速铁路对小微企业发展的影响。

第四，本书深刻剖析了小微企业在面对不同外部政策冲击时所展现出的差异及其机制。例如，在面临长期外部政策冲击时，大中型企业更注重自身的长期发展，倾向于加强研发等提升自身实力的行为和措施。相比之下，小微企业在面临短期外部政策冲击时，更注重短期经济效益的获取。这一发现揭示了不同规模企业在应对外部政策冲击时的策略差异及其背后的机制。

第五，在研究结论上，本书也实现了创新。研究发现，并非所有小微企业在面对外部政策冲击时都能从中获益。小微企业自身的特征和其所处的地理位置会影响其在政策冲击中的受益程度。具体来说，初始 TFP 较高的小微企业在面对外部冲击时的坚挺程度往往高于初始 TFP 较低的小微企业，并且前者更容易从外部冲击中获益。此外，地理位置的不同也对小微企业的发展产生了不同的影响。小微企业与其所处的城市规模大小在响应外部冲击时呈现出反向趋势，这一发现为制定更具针对性的小微企业扶持政策提供了重要依据。

1.5 内容概述

本书致力于深入探讨小微企业如何受到政策冲击的影响，特别是高铁开通这一重大交通基础设施政策对企业生产、经营的全面影响。

在第 2 章中，我们系统回顾了关于高铁开通及其对企业影响的文献，为后续的实证分析提供了理论基础和研究背景。通过对现有文献的梳理，我们发现高铁开通不仅改善了地区的交通状况，更在微观层面对企业的生产经营产生了深远影响。

第3章则建立了相应的理论模型，深入分析了高铁开通作为一项政策冲击对小微企业生产、经营的具体影响及其内在机制。我们的模型预测，高铁的引入将显著提高小微企业的要素配置效率和生产效率，从而对企业的长期发展产生积极影响。

第4章进一步关注高铁开通对小微企业经营发展的异质性影响。通过实证分析，我们发现高铁的开通对不同类型、不同地区的小微企业影响存在差异，但总体上改善了小微企业的交通环境和经营状况，从而提升了其市场竞争力。

第5章探讨了高铁开通对于提升小微企业经营绩效的作用机制。我们分析了高铁如何通过改善交通状况、提高要素配置效率等途径，最终提升小微企业的经营绩效和市场竞争力。这一章的研究为理解高铁对小微企业的深远影响提供了重要视角。

第6章则扩展了研究视野，探讨了高铁开通对小微企业出口情况的影响。我们的研究发现，高铁的开通不仅提高了小微企业的生产效率和市场竞争力，还在一定程度上促进了企业的出口活动，为小微企业的国际化发展提供了新的机遇。

第7章从更宏观的角度出发，进一步探讨了交通基础设施建设对经济影响的相关文献。我们从城市内部交通、城际交通与跨国交通三个维度，全面梳理了交通基础设施建设对经济发展的推动作用，为理解高铁对小微企业的影响提供了更广阔的视野。

最后，第8章围绕中国高铁出海这一重要议题，详细介绍了中国高铁出海的技术与历史背景。我们结合典型案例，探讨了中国高铁出海的历史与现状，展示了中国高铁技术的国际影响力和发展前景。这一章的研究不仅丰富了对中国高铁国际化的理解，也为小微企业借助高铁出海提供了新的思考和启示。

第2章 文献综述

2.1 交通基础设施与企业全要素生产率

交通基础设施建设作为经济发展的重要推动力，一直以来都受到学者们的广泛关注。高铁等现代交通方式的迅速崛起，更是为经济社会带来了新的变革。众多研究表明，交通基础设施的建设与完善，尤其是高铁的开通，对于提高企业全要素生产率、促进经济可持续发展具有显著影响。

一方面，高铁等交通基础设施的建设缩短了地区间的时空距离，降低了企业的物流成本，使企业能够更加高效地参与市场竞争。同时，交通基础设施的完善也促进了人才流动和知识传播，为企业创新提供了有力支持。这些因素共同作用，推动了企业全要素生产率的提升。另一方面，高铁等交通基础设施的影响并非全然积极。有研究表明，高铁的开通可能会导致经济资源向核心城市集中，从而加剧地区间的发展不平衡。对于处于相对外围城市的企业来说，高铁的开通甚至可能对其全要素生产率产生负面影响。因此，高铁等交通基础设施对企业全要素生产率的影响是一个复杂而多维的问题。本小节将总结关于交通基础设施与企业全要素生产率相关的文献。

不少学者研究表明，交通基础设施建设对经济的贡献巨大（Fernald，1999；Aschauer，1989；Ahlfeldt & Feddersen，2010）。近年来，高铁等交通基础设施对经济社会的影响已引起越来越多的学者关注。目前，关于高铁等交通基础设施和企业全要素生产率之间的关系，研究结论主要可以分为两大类。

首先，高铁等交通基础设施的建设与完善提高了企业的全要素生产率。交通基础设施建设缩短了出行时间，拉近了不同地区和城市的距离，降低了成本，从而提高了企业的生产效率，进而促进了经济可持续发展。国内外学者分别从库存、市场扩张、人力资本流动以及市场竞争等角度来探讨交通基础设施对企业全要素生产率的影响，这些研究认为交通基础设施提升了企业全要素生产率。

一方面，许多学者强调了交通基础设施在打破地域限制、改善物流运输和降低库存方面的作用。雪莉和温斯顿（Shirley & Winston，2004）使用美国数据对美国最大公共投资项目公路和企业库存进行了实证分析，研究表明公路网络的建立降低了企业库存，促进了企业生产率的提升。莱（Lai，2006）通过分析 60 个国家的上市公司数据，研究发现交通基础设施降低了企业库存。李涵和黎志刚（2009）分别从高级公路、普通公路及普通铁路的角度，讨论了不同交通基础设施建设对于制造业企业存货成本的影响，结果显示高等级公路投资的增加显著降低了制造业企业的存货规模，提高了企业生产率。刘秉镰和刘玉海（2011）分析了制造业公司数据，发现中国高等级公路的建立显著降低了企业库存成本，提高了企业生产规模，进而增强了生产力。有些学者分析了 1998—2007 年中国制造业的数据，结果显示在道路上的投入每提高 1 美元，库存成本降低 2 美分（Li & Li，2013）。李涵和唐丽淼（2015）利用制造业企业数据分析了公路设施对经济增长的影响渠道，实证发现省级公路的建设拉近了城市间的距离，减少了企业的库存成本，但是这一影响对不同类型企业具有异质性，降低成本的同时提高了生产效率，从而拉动了地方经济。

另一方面，部分学者则强调交通基础设施在缩短两地距离、扩大地区交流方面的作用。唐纳森（Donaldson，2010）利用印度数据分析铁路网络作为交通基础设施的效益及其原因，研究发现铁路网络能够促进地区间的交流，降低了交易成本，缩小了地区之间的价格差，进而提高了地区的实际收入。费伯（Faber，2014）通过构建高速公路的工具变量，即由最小生成树产生的最小成本路径，发现高速公路网络可以促进贸易一体化、增强沿途地区的工业化水平。林（Lin，2017）研究发现，飞机及高铁等交通基础设施能够大大缩小地区间的时间距离，提高地区间的远程采购能力，从而使企业有可能将总部、研发中心与生产工厂分离，有利于企业生产率的提高。

此外，还有一些学者从交通基础设施改善劳动力流动的角度来解释其对企业生产率的影响。刘晓光等（2015）研究发现，基础设施建设能够促进劳动力的充分流动，并且加快农业劳动力的转移。李新光和黄安民（2018）认为，高铁开通不仅使得区域网络化，还淡化了传统城市的边界，进而提高了人才流动，使人力资本更易于突破空间约束，促进企业引进人才以及形成创新环境，以此增强了企业生产率。张勋等（2018）和张睿等（2018）研究表明，基础设施的发展加剧了市场竞争从而影响了企业生产率，具体表现为基础设施促进了外地企业的进驻，提高了当地市场间的竞争，从而挤压了当地市场的规模，由此从扩大市场竞争的方式提高了企业的生产率。

除了上述观点外，纳迪里和马穆尼亚斯（Nadiri & Mamuneas，1994）、艾特肯和哈里森（Aitken & Harrison，1999）等学者还从不同的视角对企业生产率的提高进行了解释。他们分别强调了交通基础设施在降低生产成本、优化成本结构以及获得规模经济方面的作用。具体来说，纳迪里和马穆尼亚斯（1994）研究表明不同类型的交通基础设施显著降低了美国制造业企业的生产成本，优化了成本结构，从而提高了生产率。艾特肯和哈里森（1999）指出，由于整体交易规模的扩大，使企业能够以更低的成本把更多的商品出售到更多的市场，从而获得更大的规模经济，显著降低企业的单位成本，进而提升生产率。有些学者认为这会促使企业提高投资，并促进生产率的提高（Bustos，2011；Liu & Lu，2015）。费尔纳德（Fernald，1999）使用了行业研究数据，发现改善交通基础设施有助于企业提高生产率，特别是对于交通运输业来说，其受到的影响尤为明显。霍尔（Holl，2004）认为，高速公路基础设施的建设与完善显著提高了西班牙企业的劳动生产率。霍尔（2016）通过分析每个西班牙制造业企业的地理编码，并用 GIS 计算了公路的距离变化，测算结果显示，公路密度的提高能够产生聚集效应，这种聚集效应又进一步改善了企业生产条件，进而提高了企业生产率。刘秉镰等（2010）利用中国1997—2007年的数据，分析发现企业的劳动生产率与交通基础设施存在着非常明显的空间相关性，即交通基础设施的建设优化了企业生产结构，提高了生产率。施震凯等（2018）利用2007年铁路提速事件作为一次准自然试验，采用双重差分方法分析铁路提速对企业全要素生产率的影响，结果表明铁路增速提高了沿线企业的技术水平及效率，从而提升了生产率，又通过对企业的异质性的分析，发现铁路增速对非国有控股、沿海企业和出口外向型企业的促进作用更为显著。

然而，尽管大多数研究都支持交通基础设施对企业全要素生产率有积极影响，但也有部分学者提出了不同的观点。这些学者认为，高铁等交通基础设施对企业全要素生产率的影响存在不确定性。具体来说，因为高铁等交通基础设施会将经济生产活动从周边的小城市转移到核心城市，进而导致了地区间经济发展的不平衡，还会损害地区经济的可持续性发展，从而降低了企业全要素生产率。Hulten 和 Schwab（1991）通过利用投入产出法，研究表明美国的交通基础设施建设并没有改善其制造业的劳动生产率，两者之间并无显著的关系。龙小宁和高翔（2014）认为，高速公路设施虽然缩短了企业运输及居民出行的时间，但其对企业生产率的平均影响却很小，并没有带来显著改善。Ghani 等（2016）使用印度的数据，测算了印度企业和高速公路设施之间的距离，并以此划分企业类型，利用双重差分方法进行分析，结果表明印度高速公路对10～50公里之外的区域并没有产生正向影响。

国内部分学者的研究则发现高铁开通对企业全要素生产率的影响存在较大的异质性。李欣泽等（2017）在模型中加入了企业与高铁站的最短距离，验证了高速铁路的站点选择及企业之间的空间距离均会影响企业全要素生产率。实证分析表明，距离高铁站点越近的企业，其全要素生产率提升速度越快，说明空间距离与企业生产率存在反向关系，从而加剧了地区间的发展不平衡。同时，进一步分析显示，高铁开通对于企业生产率的影响程度存在地区间以及行业间的差异。张梦婷等（2018）探讨了高铁开通与企业生产率的关系，实证分析表明，高铁的开通与处在外围城市的企业的全要素生产率呈负相关。张明志等（2019）分析了高铁的开通与服务业集聚效应的关系，实证发现1999—2010年与2011—2015年这两个时间段的高铁开通对于服务行业的集聚效应的影响为负，从而降低了生产率。孙广召和黄凯南（2019）利用中国制造业上市公司数据，实证分析了高铁与企业全要素生产率的关系，发现这种关系存在明显异质性，即高铁开通明显提升了处在东部和中部地区的企业的生产率，却抑制了西部地区企业的生产率，经济一体化也受到了阻碍。徐强（2020）使用中国工业企业数据和高铁开通的数据，研究了高速铁路的开通对企业生产效率的影响，得到结果异于上述文献，认为高铁开通可以显著提高位于中心城市以及周边距离低于1小时高铁圈城市企业的生产率，但却降低了位于偏远地区及小城市的企业的生产率。

综上所述，交通基础设施建设，特别是高铁等先进交通方式的发展，对经济社会产生了深远的影响。众多学者的研究表明，交通基础设施的完善能够显著提高企业的全要素生产率，促进经济的可持续发展。这些影响主要体现在降低库存成本、扩大市场交流、优化劳动力流动以及促进市场竞争等方面。然而，也有部分学者指出，高铁等交通基础设施对企业全要素生产率的影响并非全然积极，其影响存在不确定性，甚至可能在不同地区和行业间产生异质性影响。例如，高铁的开通可能导致经济活动从周边小城市向核心城市转移，加剧地区间经济发展的不平衡，从而对企业全要素生产率的提升产生负面影响。

总的来说，交通基础设施建设与企业全要素生产率之间的关系复杂且多维。在未来的研究中，需要更加深入地探讨交通基础设施对企业全要素生产率的影响机制及其异质性表现，以便为政策制定者提供更加科学、精准的政策建议。同时，也需要关注交通基础设施建设的可持续性及其对经济社会长期发展的影响。

2.2　交通基础设施与企业出口

在全球化和国际贸易不断发展的背景下，交通基础设施的建设与完善对于企业的出口影响日益凸显。特别是对于中国这样一个出口导向型的经济体而言，交通基础设施的重要性不言而喻。近年来，随着高铁等先进交通方式的快速发展，中国企业在国际市场上的竞争力得到了显著提升。

已有研究主要从运输成本的角度探讨了交通基础设施对企业出口的影响。这些研究表明，基础设施的改善能够降低企业的运输成本，从而提高企业的出口竞争力。特别是对于高铁等快速交通方式而言，其对企业出口的影响尤为显著。高铁的开通不仅提高了企业的运输效率，还降低了企业获取市场信息的难度，从而促进了企业的出口。此外，不同所有制结构的企业在出口表现上也存在差异。外资企业和位于东部地区的企业在出口方面表现较为突出，这可能与这些企业在资本、技术和管理等方面的优势有关。因此，在制定交通基础设施建设和企业出口政策时，需要充分考虑企业的所有制结构和地区差异。

具体地，从已有的研究来看，大多数学者主要从企业运输成本的角度探究了交通基础设施的建设与完善对企业出口的影响。Bougheas 等（1999）运用李嘉图模型，从运输成本的角度分析了基础设施建设对于出口贸易的影响机制。结果表明，如果一个国家的基础设施投资规模是合理的，那么其交通基础设施规模与贸易流量之间的关系是正向的。Fujimura 和 Edmonds（2006）认为，湄公河流域的交通基础设施的投资显著提高了双边贸易，增加了主要产品的贸易规模。Stone 和 Strutt（2009）使用了可计算一般均衡模型，对上述理论进行检验，也获得了类似结果。Martincus 等（2017）使用 2003—2010 年发展中国家的企业贸易数据和公路基础设施建设的数据，探究了公路基础设施投资规模对于企业出口及雇佣的影响，结果显示，公路基础设施的升级显著提高了企业出口，进而提升了企业的雇佣人数。Donaldson（2018）利用印度铁路数据，并基于一般均衡模型分析了铁路网络的建设跟企业出口成本的关系，发现大规模的铁路投资缩小了企业出口成本以及地区间的价格差距，促进了地区间和国际间的自由贸易，提高了企业实际收入水平。王永进等（2010）使用 1995—2004 年跨国数据，基于企业异质性框架，从理论上研究了基础设施对出口的影响，结果表明基础设施的完善提高了当地出口的技术复杂程度。Duranton 等（2014）实证研究了美国州际公路与企业出口的关系，认为城市高速公路存量每增加 1%，相应城市的出口量增加 0.5%，这表明城市的高速公路规模能够对这个城市的出口贸易产生巨大的积极影响。

对于中国来说，交通基础设施对于国家贸易以及企业出口同样具有重要影响（王永进和黄青，2017）。盛丹等（2011）使用 Heckman 模型，基于中国数据分析，认为大规模的交通基础设施建设和完善降低了企业运输的成本，从而降低了企业的出口成本，通过减少企业风险及不确定性，使更多的企业选择出口。此外，这种影响大多表现为“扩展边际”，而非“集约边际”。黄玖立和徐旻鸿（2012）认为，落后的交通基础设施将会提高交通运输成本，进而抑制企业出口贸易的流量。Xu（2016）构建了铁路基础设施对出口增长的空间溢出模型，并以 1997—2007 年中国 26 条主要铁路线的面板数据为基础，研究发现铁路的建设促进了企业出口，提高了企业出口规模。白重恩和冀东星（2018）认为，1998—2007 年国道主干线的大规模建设，促进了那些位于连接国道主干道的区域或邻近区域的企业的出口额，提高了这些企业的出口增长率。Li 等（2019）利用 2009—2017 年中国数据，分析了中国 5 个内陆省份出口贸易与该省份内铁路及货运线路间的关系，实证分析表明，交通基础设施能够提高沿线各内陆省份的贸易。

而在众多交通基础设施中，高铁的开通对中国企业的影响最为显著，其对企业出口的影响也较为明显。Xu（2014）利用 2000 年中国西部铁路大增速这一外生事件，研究其对中国西部地区企业的出口贸易的影响。实证结果显示，中国西部地区的企业对中亚地区的出口贸易随着铁路速度的提升而增加，且如果铁路提速路程的越长，对企业出口的拉动作用也越明显。Xu（2017）利用结构方程模型展开研究，发现中国高铁提高了企业之间的匹配效率，使企业能够找到更好的供应商，从而提高了地区的出口以及福利。Donaldson 和 Hornbeck（2016），Lin（2017）结合中国大规模高速铁路建设的背景，分析了高速铁路和企业出口之间的关系，结果表明，高速铁路的开通减少了企业间面对面的沟通成本，促进了人口流动，大幅降低了企业获得复杂信息的难度，提高了企业出口。唐宜红等（2019）指出，高铁开通的城市的企业出口增加了 12.7%，并揭示了高铁影响企业出口行为的内在机制。祝树金和李思敏（2020）使用中国工业企业数据库、海关数据及高铁数据，采用多时点 DID 模型，结果显示高铁开通显著提高了沿线城市企业的产品出口质量。进一步研究发现，高铁开通城市企业的创新有所提高，减少了企业成本，进而提高了企业产品出口的质量，而且这种影响在东部地区更为显著。Niu 等（2020）将高速铁路的建设作为自然实验，从客运的角度分析了高速铁路的建设对地区间贸易的影响机制。研究表明高铁开通促进了人口流动，进而提高了货物的流动，增加了贸易价值，也减少了市场细分。进一步研究发现，这些影响对于技术密集型产业以及信息化水平较差省份更大。

在中国，不同企业的所有制结构对中国社会经济发展具有重要影响，这种影响也体现在企业性质对企业出口贸易的影响上。Bernard 和 Jensen（1995）认为，在美国的出口企业大多采取规模经营，虽然这些企业数量占所有企业的比重较低，但是规模却很大，且生产率、工资水平较高，技术密集型和资本密集型程度也较高。Bernard 和 Wagner（1997）基于德国的数据，分别分析了出口企业与非出口企业，得到了相似结论，进一步证实了上述观点。从国内相关研究来看，江小涓（2002）认为，外资企业优化了中国出口结构，提高了中国出口水平。唐宜红和林发勤（2009）指出，东部企业以及外商投资企业出口能力较强；另外，从产业分类的角度看，在一些资本密集型的企业中，如果资本劳动比越高，则企业出口水平也相应越高。赵伟和赵金亮（2011）发现企业规模及性质对企业出口有显著的正向影响，但是出口的提高却并没有增加员工的工资。

在全球化和国际贸易的大背景下，交通基础设施，尤其是高铁等先进交通方式的建设与完善，对企业出口产生了深远影响。对于中国这样的出口导向型经济体而言，这种影响尤为显著。普遍的研究结果显示，基础设施的改善能够降低运输成本，提高企业出口竞争力，而高铁的开通则进一步提升了企业的运输效率和市场信息获取能力，从而促进了出口。此外，企业的所有制结构和地区差异也在其出口表现中发挥了重要作用，且外资企业和东部地区企业在出口方面通常表现更为突出。

总的来说，交通基础设施的建设与完善对企业出口产生了积极的影响，而高铁等先进交通方式的发展更是为中国企业在国际市场上提供了新的竞争力。在制定相关政策时，有关部门需要充分考虑企业的所有制结构和地区差异，以便更好地促进企业的出口和国家的经济发展。

2.3 交通基础设施对企业其他方面影响

除此之外，交通基础设施还对企业经营的其他方面产生了一定的影响，包括企业的创新研发、劳动雇佣等方面。

第一，关于交通基础设施与企业研发的影响。长期来看，企业如果提高对创新、研发的投资会对全要素生产率产生正向影响，交通基础设施的建设及完善能够促进企业对研发的投入。Andersson 和 Karlsson（2002），Fritsch 和 Slavtchev（2011）认为，交通基础设施的完善能够促进企业创新网络的建立与完善，促进企业的创新及研发投入。马明和薛晓达（2018）研究了交通基础设施的建设与地区创新能力的关系，分析表明两者之间存在显著的空间溢出效应。余泳泽等（2019）的分析结果显示，高速铁路的开通提高了当地人均专利引用率，促进了当地的技术创新。褚竹君等（2019）认为，如果工业企业所在城市开通了高速铁路，则能显著提高企业专利申请数量及质量，而且这一影响与地理空间的关系呈现 U 形，即与创新中心距离更远的工业企业受到影响更大，其中高新技术企业以及技术密集型产业受到的推动效应更为显著。

第二，关于交通基础设施与企业雇佣员工的影响。假设交通基础设施能够增强地区间的联系，因此高铁的开通可以进一步提高居民出行的便利性，从而增强了劳动要素在城市之间的流动。李祥妹等（2014）认为，沪宁城际高速铁路的建设能够显著增加城市之间人口的流动性，且高铁沿线的六大城市的人口流入、流出指数的增长率均在 50% 以上。李红等（2018）观察到，高铁的开通提高了沿途居民出行的效率。从已有文献来看，当前对高铁开通与人口流动的研究主要集中在劳动要素的集体流动上，而对企业员工数量的研究并不多见。

2.4　国内外相关研究评述

综上所述，现有文献已经对交通基础设施对企业各方面发展的影响和作用机制进行了广泛研究，并取得了丰富的成果。通过对上述文献的整理和分析，可以发现仍有进一步研究的空间。

第一，尽管已有文献对于交通基础设施与经济增长的研究已经比较成熟，但是现有研究重点是公路和普通铁路，而对高速铁路的研究相对较少。而这些不同的交通基础设施之间又具有一定的差别，与公路运输及普通铁路运输相比，高速铁路的其中一个显著特点是只运输人而不运输货物。因此，不能将对不同交通基础设施的经济效益的研究混为一谈，国内外对于公路及普通铁路对企业生产率及出口影响的研究仅可作为本书的相关参考。

第二，多数学者仅从宏观发展的角度来分析高铁的经济效益，却忽略了对高铁微观机制的探究。当前学者们通常利用地级市层面的城市数据、工业企业数据、制造业企业或上市公司的数据，分析高铁对所在城市经济发展的宏观影响。即使从微观角度来研究高铁对企业的影响，也只是对上市公司、规模以上公司来分析，而几乎没有研究关注到小微企业，尽管小微企业是中国经济的重要组成部分。

第三，从影响路径的角度来看，已有的文献从库存、人力资本、进入壁垒等不同的角度分析并探讨了交通基础设施建设对企业的影响路径，本书在已有文献的基础上，结合本书分析的具体问题，从要素配置的新视角出发，研究高铁开通对小微企业劳动生产率和企业生产经营的影响及相关机制。

第3章 交通基础设施建设与企业生产效率理论模型

3.1 引言

企业的经营和生产效率受到多种政策因素的影响。现有文献中，部分文献着眼于分析金融改革对企业的影响，例如，Aghion 等（2007），Bernard 等（2007），Ponticelli 和 Alencar（2016），Larrain 和 Stumpner（2017）。此外，部分文献分析了企业受到信贷政策变化带来的影响，例如，Lelarge 等（2010），Banerjee 和 Duflo（2014），Brown 和 Earle（2017），Fraisse 和 Thesmar（2017）。还有一部分文献关注减税政策对企业决策的影响，如 Yagan（2015），Zwick 和 Mahon（2017）。在这些文献关于企业的微观计量分析中，由于政策影响到的企业范围往往较小，所以通过将处理组企业与对照组企业进行比较，可以量化估计政策冲击对处理组企业的相对影响。

本书聚焦于交通基础建设方面的政策冲击，这类政策通常具有影响范围较大、影响机制复杂的特点，带来一定的计量识别困难。第一，广泛的政策影响规模可能会改变该政策的微观效果，因为该政策可能会与自身受一般均衡效应影响的其他扭曲相互作用。第二，市场均衡的动态作用通常会削弱企业受到的政策影响，例如，如果将促进增长的政策扩展到足够多的企业，将会增加劳动力市场的需求，进而提高均衡工资，从而削弱最初企业受到政策冲击的直接影响。第三，如果政策影响的范围涉及可以重新分配资源的企业，那么劳动和资本要素会从生产效率较低的企业流向生产效率较高的企业，从而提高全要素生产率的总体水平。为了解决这些计量识别问题，本书建立了一个刻画企业生产行为的模型，并引入交通基础设施建设，分析了企业受到交通基础设施政策冲击影响的理论机制，并推导出符合理论基础的计量模型。

本章的模型理论研究表明：首先，政府在促进人力资本流动方面的交通基础建设投入越多，企业最优的劳动雇佣数量越高；其次，政府在促进人力资本流动方面的交通基础建设投入越多，劳动力市场均衡的工资率越高，会增加企业的劳动雇佣成本；最后，政府在促进人力资本流动方面的交通基础建设投入越多，企业的全要素生产率越高。根据理论模型，本书提出了一个基于企业微观数据来估计交通基础设施建设投入对企业全要素产生率影响的计量模型，为后续文章的实证研究提供了理论基础。

3.2　模型建立

本节通过建立一个连续时间的分散经济模型详细刻画企业决策受到交通基础建设政策的影响，并通过将单个企业生产决策加总的方式，计算市场中所有企业的生产率表现，进而得到分析交通基础建设对企业生产效益产生影响的实证检验策略。

企业决策

本书假设中间品市场由连续的垄断企业组成，企业标记为 $i \in [0,1]$，这些企业生产出来的中间品在最终品生产方程中部分替代，企业 i 在 t 期生产出的中间品产量为 y_{it}，对应中间品市场价格为p_{it}。假设最终品市场的产量由以下的 CES 生产函数决定：

$$Y = \left(\int_0^1 y_{it}^{\theta} di\right)^{\frac{1}{\theta}} \tag{3.1}$$

由此，假设最终品的价格为 1，并进一步假设政府对最终品征收税率为κ_t的税收，相当于对生产最终品的各个环节征收了增值税，最终品市场的利润最大化问题可以表示为最终品销售收益减去购买中间品花费的成本：

$$\max_{y_{it}}(1-\kappa_t)Y-\int_0^1 p_{it}y_{it}di \tag{3.2}$$

由（3.2）式的一阶条件求解可得：$p_{it}=(1-\kappa_t)\left(\frac{Y}{y_{it}}\right)^{1-\theta}$，其中，中间品的价格需求弹性为 $-\frac{1}{1-\theta}$。

假设中间品企业所在的行业是异质的，表现为企业生产率存在异质性，可以将企业的对数生产率表示为：$z_{it}+z_i^*$，其中，$z_{it}\in Z$ 在企业之间是独立分布的，但是在同一企业内的不同时间 t 上服从同一个马尔科夫过程，z_i^* 是一个企业特定的生产率，不随时间变化，但是定义了行业之间生产率差异。

假设中间品企业的生产函数符合科布道格拉斯函数形式，并且政府将对最终品征收的税款全部投入交通基础建设，并以g_t的形式引入企业生产方程：$y_{it}=e^{z_{it}+z_i^*}k_{it}^{\alpha}(g_tl_{it})^{1-\alpha}$，其中，$k_{it}$是企业 i 在第 t 期的资本存量，l_{it}是企业 i 在第 t 期的劳动投入，g_t是政府第 t 期在交通基础建设方面的投入。注意，本书假设交通基础建设投入为劳动加强型，主要是因为本书所关注的交通基础建设投入为高速铁路建设，中国的高速铁路为客运铁路，直接影响劳动力流动成本，进而影响劳动力的配置效率，将其定义为劳动加强型的投入符合经济实际。另外，如果将交通基础建设以非劳动加强型的形式引入生产函数，本书的主要结论保持不变。

中间品企业 i 的总收入可以表示为：$p_{it}y_{it}=(1-\kappa_t)Y^{1-\theta}y_{it}^{\theta}$，假设劳动力市场没有摩擦，劳动力市场均衡工资为 w，那么，中间品企业 i 的利润 π 可以表示为以下函数形式：

$$\pi(z_{it}+z_i^*,x_{it};\Theta,w,Y)=\max_l[(1-\kappa_t)Y^{1-\theta}e^{\theta(z_{it}+z_i^*)}k_{it}^{\theta\alpha}(g_tl_{it})^{\theta(1-\alpha)}-w\,l_{it}] \tag{3.3}$$

可得（3.3）式的一阶条件为：$\theta(1-\alpha)(1-\kappa_t)Y^{1-\theta}e^{\theta(z_{it}+z_i^*)}k_{it}^{\theta\alpha}(g_tl_{it})^{\theta(1-\alpha)-1}g_t=w$。进而，可以解得企业 i 的最优劳动投入量满足：

$$l_{it}^*=\left[\frac{\theta(1-\alpha)(1-\kappa_t)Y^{1-\theta}e^{\theta(z_{it}+z_i^*)}k_{it}^{\theta\alpha}}{w}\right]^{\frac{1}{1-(1-\alpha)\theta}}g_t^{\frac{(1-\alpha)\theta}{1-(1-\alpha)\theta}} \tag{3.4}$$

由（3.4）式可以进一步得到：$\frac{\Delta \log l_{it}^{*}}{\Delta \log g_t}=\frac{(1-\alpha)\theta}{1-(1-\alpha)\theta}+\frac{1}{1-(1-\alpha)\theta}\frac{\Delta \log(1-\kappa_t)}{\Delta \log g_t}$。由于政府财政收支平衡$\kappa_t Y=g_t$，则$\frac{\Delta \log(1-\kappa_t)}{\Delta \log g_t}=-\frac{\kappa_t}{1-\kappa_t}$，由此得到：（1）当$\kappa_t \leqslant \frac{(1-\alpha)\theta}{1+(1-\alpha)\theta}$时，$\frac{\Delta \log l_{it}^{*}}{\Delta \log g_t}\geqslant 0$，此时$g_t \leqslant \frac{(1-\alpha)\theta}{1+(1-\alpha)\theta}Y$；（2）当$\kappa_t > \frac{(1-\alpha)\theta}{1+(1-\alpha)\theta}$时，$\frac{\Delta \log l_{it}^{*}}{\Delta \log g_t}<0$，此时$g_t > \frac{(1-\alpha)\theta}{1+(1-\alpha)\theta}Y$。该结果说明政府在 t 期投入的交通基础建设在一个适度的范围内越多，企业 i 的最优劳动投入量越高。

接下来，将l_{it}^{*}代回（3.3）式可整理得到中间品企业的最大化利润为：

$$\pi(z_{it}+z_i^{*},x_{it},g_t;\Theta,w,Y)=\Omega\,(1-\kappa_t)^{\frac{\phi}{\theta\alpha}}Y^{1-\phi}e^{\frac{\phi}{\alpha}(z_{it}+z_i^{*})}k_{it}^{\phi}\left(\frac{g_t}{w}\right)^{\frac{\phi(1-\alpha)}{\alpha}} \tag{3.5}$$

其中，$\phi=\frac{\theta\alpha}{1-(1-\alpha)\theta}<1$，$\Omega=[(1-\alpha)\theta]^{\frac{(1-\alpha)\theta}{1-(1-\alpha)\theta}}-[(1-\alpha)\theta]^{\frac{1}{1-(1-\alpha)\theta}}$是一个常数。

根据（3.5）式可以得到，中间品企业的利润受到四个方面的影响：第一是市场需求 Y，$\frac{\Delta \log\pi}{\Delta \log Y}=1-\phi>0$，随着市场需求的增长，中间品企业的利润将增加；第二是中间品企业的生产率 z，$\frac{\Delta \log\pi}{\Delta z}=\frac{\phi}{\alpha}>0$，企业生产率越高，企业利润越高；第三是劳动力市场的均衡工资 w，$\frac{\Delta \log\pi}{\Delta \log Y}=-\frac{\phi(1-\alpha)}{\alpha}$，劳动力工资越高，企业的利润越低；第四是政府的交通基础建设投入 g，$\frac{\Delta \log\pi}{\Delta \log g}=\frac{\phi(1-\alpha)}{\alpha}+\frac{\phi}{\theta\alpha}\frac{\Delta \log(1-\kappa_t)}{\Delta \log g_t}$，当$\kappa_t \leqslant \frac{(1-\alpha)\theta}{1+(1-\alpha)\theta}$时，$\frac{\Delta \log\pi}{\Delta \log g}\geqslant 0$，此时$g_t \leqslant \frac{(1-\alpha)\theta}{1+(1-\alpha)\theta}Y$；反之，当$\kappa_t > \frac{(1-\alpha)\theta}{1+(1-\alpha)\theta}$时，$\frac{\Delta \log\pi}{\Delta \log g}<0$，此时$g_t > \frac{(1-\alpha)\theta}{1+(1-\alpha)\theta}Y$，该结果说明政府的交通基础建设在一定范围内投入越高，企业的利润越高。

假设中间品企业在资本市场存在金融摩擦，金融摩擦的参数集合表示

为 Θ。假设资本投入来源于最终品，因此价格同样为 1，且资本以 δ 的比率进行折旧。企业资本的来源包括两个方面：一是企业自身利润的再投资，二是通过外部金融渠道融资。假设中间品企业的贷款期限均为一期，那么，可以将 $t+1$ 期企业需要偿还的贷款记为$b_{i,t+1}$。资本的动态积累方程可表示为$x_{it}=(k_{it},k_{it+1},b_{it},b_{it+1})$。假设第 t 期贷款利率是r_{it}，第 t 期的贷款现值则为$\frac{b_{it+1}}{1+r_{it}}$。假设企业还有其他的收入和支出，其中，假设企业的资本调整成本为 $\Gamma(z_{it}+z_i^*,x_{it};\Theta,w,Y)$，假设反映在贷款利率上的金融摩擦为 $r_{it}=r(z_{it}+z_i^*,x_{it};\Theta,w,Y)$，该方程不仅可以刻画债务风险，而且可以刻画其他金融成本，例如流动性带来的成本。

假设中间品企业在第 t 期将资本k_{it}和劳动l_{it}投入生产，并以生产率z_{it}进行生产，获取中间品的产品收益。在第 $t+1$ 期，企业支付资本调整成本来选择该阶段的资本存量k_{it+1}，偿还上一期的债务b_{it}，并借入 $t+1$ 期的债务 $\frac{b_{it+1}}{1+r_{it}}$。此外，假设企业可以违约，当企业的生产率高于特定水平$z_i^*+z_{i,t+1}\in Z(k_{it+1},b_{it+1};\Theta,w,Y)$时，企业不会违约，而当生产率低于门槛值时，企业会违约，且企业现值变为零。

基于以上方程和生产过程，可以将中间品企业 i 的现金流表示为利润扣除资本成本、资本调整成本、偿还上期债务的净支出、净税收、股权发行成本之后得到金额，具体方程为：

$$
\begin{aligned}
e_{it} &= e(z_{it}+z_i^*,x_{it};\Theta,w,Y) \\
&= \pi(z_{it}+z_i^*,x_{it};\Theta,w,Y)-[k_{it+1}-(1-\delta)k_{it}]-\Gamma(z_{it}+z_i^*,x_{it};\Theta,w,Y)+ \\
&\quad \left[\frac{b_{it+1}}{1+r(z_{it}+z_i^*,x_{it};\Theta,w,Y)}-b_{it}\right]
\end{aligned} \tag{3.6}
$$

企业决策的状态变量包括一个外生状态变量 z 和两个内生状态变量 k 和 b，最后，为了保证最优化问题定义在紧集上，还需要对状态变量做一系列技术假设：第一，假设现金流方程 $e(z^*+z,k,b;\Theta,w,Y)$是(z,k,k',b,b')为分段连续函数，这里仅假设现金流方程是分段连续函数而不是连续函数的原因在于模型中企业是否支付资本调整成本是内生的（Caballero & Leah，1996），从而导致现金流方程会出现分段；第二，假设对数生产率 z

的集合是紧集且是凸集，z 所服从的马尔科夫方程严格为正，无原子且满足 Feller 性；第三，假设资本 k 的集合 K 是紧集且为凸集；第四，假设债务 b 的集合 B 是紧集且为凸集；第五，给定前一期的资本和债务 (k,b) 和当期资本决策 k'，假设当期的债务选择 b' 受到以下 Ξ 集合的约束：$\Xi(z^*+z,k,k',b;\Theta,w,Y)=B\cap\{b'\mid M(z^*+z,k,k',b;\Theta,w,Y)\leqslant 0\}$。

基于这些假设，企业的最优化问题即为通过选择最优的资本积累和债务借款来最大化现金流现值，可以得到以下 Bellman 方程：

$$Tf(z^*+z,k,b;\Theta,w,Y)=\max_{k',b'\in K\times B}e(z^*+z,k,k'b,b';\Theta,w,Y)+\beta E_{z'\in Z(k',b';\Theta,w,Y)}[f(z^*+z',k',b';\Theta,w,Y)\mid z],M(z^*+z,k,k',b,b';\Theta,w,Y)\leqslant 0 \tag{3.7}$$

家庭决策

关于家庭决策，本书假设代表性家庭的效用函数由消费和闲暇决定，消费越高、闲暇越多，则效用越高，效用函数形式符合 GHH 偏好形式，单个家庭的效用函数可以表示成以下方程：

$$u(c_t,l_t)=\frac{1}{1-\gamma}\left[c_t-\frac{l_t^{1+\frac{1}{\epsilon}}\overline{w}}{\left(1+\frac{1}{\epsilon}\right)\overline{L}^{\frac{1}{\epsilon}}}\right]^{1-\gamma} \tag{3.8}$$

其中，c_t 表示第 t 期的消费，l_t 表示第 t 期的劳动时间，ϵ 是衡量劳动跨期替代弹性的 Frisch 弹性，w 和 L 分别表示稳态下的劳动工资率和劳动总供给，在这里均为常数。

进一步假设家庭可以投资于回报率为 r 的无风险资产，家庭效用的贴现率为 ρ。求解家庭的效用最大化问题可得：

$$L_t^s=\overline{L}\left(\frac{w}{\overline{w}}\right)^{\epsilon} \tag{3.9}$$

$$\rho=\frac{1}{1+r} \tag{3.10}$$

3.3 市场均衡

在均衡分析的部分，首先，本书采用 TFP 相关文献的处理技术

（Hsieh & Klenow，2009；Midrigan & Xu，2014；Sraer & Thesmar，2018），将市场均衡条件转换为资本楔分布的表达式，其次，推导出均衡状态下全要素生产率（TFP）的近似表达式。

为了便于后续推导出可以利用企业数据进行检验的实证模型，这里将资本楔定义为企业资本边际产出收益与资本无摩擦成本之间的比值，其中，资本边际产出为 $\alpha\theta y_{it}$，产品价格为p_{it}，资本的无摩擦价格为 R，那么，资本楔τ_{it}可以表示为：

$$1+\tau_{it}=\frac{\alpha\theta\,p_{it}y_{it}}{R\,k_{it}} \tag{3.11}$$

如果资本市场没有摩擦，则资本楔计算出来将为 0。在这里，资本楔不为 0 的原因主要是三个方面，分别是金融摩擦、资本调整成本和净税收。例如，Asker 等（2014）指出资本调整成本以及资本调整时机都将导致资本边际生产率偏离资本成本。

利用资本楔来刻画均衡状态的另一个好处是，资本楔便于运算。从表达式可以看出，资本楔与资本收益率之间成比例。同时，资本楔并非是外生的，而是关于状态变量 k 和 b、经济总需求 Y 和均衡工资率 w 以及相关参数 Θ 的函数。

本研究主要关注企业的全要素生产率，全要素生产率的定义是$\frac{Y}{K^{\alpha}L^{1-\alpha}}$，其中，$K$ 和 L 分别是资本存量和劳动投入量（Restuccia & Rogerson，2008；Hsieh & Klenow，2009；Moll，2014））。根据模型假设，由于生产方程是科布道格拉斯函数形式，可以得到劳动回报率和资本回报率分别满足以下两个方程：

$$\theta(1-\alpha)\frac{p_{it}y_{it}}{l_{it}}=w \tag{3.12}$$

$$\theta\alpha\frac{p_{it}y_{it}}{k_{it}}=R(1+\tau_{it}) \tag{3.13}$$

$$p_{it}y_{it}=(1-\kappa_t)Y^{1-\theta}e^{\theta(z_i^*+z_{it})}k_{it}^{\theta\alpha}(g_tl_{it})^{\theta(1-\alpha)} \tag{3.14}$$

将（3.12）式和（3.13）式代入（3.14）式可得：

$$p_{it}y_{it}=(1-\kappa_t)^{\frac{1}{1-\theta}}Y\,e^{\frac{\theta(z_i^*+z_{it})}{1-\theta}}\left[\frac{\alpha\theta}{R(1+\tau_{it})}\right]^{\frac{\alpha\theta}{1-\theta}}\left[\frac{(1-\alpha)\theta\,g_t}{w}\right]^{\frac{(1-\alpha)\theta}{1-\theta}} \tag{3.15}$$

由于零利润条件 $Y = \frac{1}{1-\kappa_t}\int_0^1 p_{it}y_{it}di$ ，可以得到：

$$1 = (1-\kappa_t)^{\frac{\theta}{1-\theta}}\left[\frac{(1-\alpha)\theta g_t}{w}\right]^{\frac{(1-\alpha)\theta}{1-\theta}}\int e^{\frac{\theta(z_i^*+z_{it})}{1-\theta}}\left[\frac{\alpha\theta}{R(1+\tau_{it})}\right]^{\frac{\alpha\theta}{1-\theta}}di$$

进而求解出市场出清的工资水平 w 满足：

$$w \propto (1-\kappa_t)^{\frac{1}{1-\alpha}} g_t\left[\int \frac{e^{\frac{\theta(z_i^*+z_{it})}{1-\theta}}}{(1+\tau_{it})^{\frac{\alpha\theta}{1-\theta}}}di\right]^{\frac{1-\theta}{(1-\alpha)\theta}} \tag{3.16}$$

同时，市场出清的劳动存量 L 满足：

$$L = \int l_{it}di \propto \int \frac{p_{it}y_{it}}{w}di \propto \frac{Y}{w} \tag{3.17}$$

由于 $L\propto w^{\epsilon}$，可以得到：

$$Y\propto w^{\epsilon+1} \tag{3.18}$$

同样地，总量资本存量 K 也可以进行类似的运算：

$$K = \int k_{it}di \propto \int \frac{p_{it}y_{it}}{1+\tau_{it}}di \propto Y(1-\kappa_t)^{\frac{\theta}{1-\theta}}\left(\frac{g_t}{w}\right)^{\frac{(1-\alpha)\theta}{1-\theta}}\int \frac{e^{\frac{\theta(z_i^*+z_{it})}{1-\theta}}}{(1+\tau_{it})^{1+\frac{\alpha\theta}{1-\theta}}}di \tag{3.19}$$

根据（3.18）式、（3.19）式可以得到：$\frac{Y}{L}\propto w$，$\frac{Y}{K}\propto(1-\kappa_t)^{-\frac{\theta}{1-\theta}(\frac{w}{g_t})^{\frac{(1-\alpha)\theta}{1-\theta}}}\left[\int \frac{e^{\frac{\theta(z_i^*+z_{it})}{1-\theta}}}{(1+\tau_{it})^{1+\frac{\alpha\theta}{1-\theta}}}di\right]^{-1}$，将其进一步代入全要素生产率的表达式 $TFP = \left(\frac{Y}{L}\right)^{1-\alpha}\left(\frac{Y}{K}\right)^{\alpha}$ 中，可以得到均衡状态下的 TFP 满足：

$$TFP \propto (1-\kappa_t)^{-\frac{\theta\alpha}{1-\theta}} w^{(1-\alpha)\left(1+\frac{\alpha\theta}{1-\theta}\right)} g_t^{-\frac{(1-\alpha)\alpha\theta}{1-\theta}}\left[\int \frac{e^{\frac{\theta(z_i^*+z_{it})}{1-\theta}}}{(1+\tau_{it})^{1+\frac{\alpha\theta}{1-\theta}}}di\right]^{-\alpha} \tag{3.20}$$

将（3.16）式进一步代入（3.20）式可得均衡状态下的 TFP 满足：

$$TFP \propto (1-\kappa_t)\, g_t^{1-\alpha}\frac{\left[\int \frac{e^{\frac{\theta(z_i^*+z_{it})}{1-\theta}}}{(1+\tau_{it})^{\frac{\alpha\theta}{1-\theta}}}di\right]^{\frac{1-(1-\alpha)\theta}{\theta}}}{\left[\int \frac{e^{\frac{\theta(z_i^*+z_{it})}{1-\theta}}}{(1+\tau_{it})^{1+\frac{\alpha\theta}{1-\theta}}}di\right]^{\alpha}} \tag{3.21}$$

3.4 实证策略

基于模型的均衡结果，可以进一步进行近似估计。本书参考 Hsieh 和 Klenow（2009）的假设，假设$z_{it} \ll 1$并且$\log(1+\tau_{it}) \ll 1$。该假设可以保证企业特定生产率z_{it}和资本楔$\log(1+\tau_{it})$服从联合正态分布，同时由于$\log\left(\frac{p_{it}y_{it}}{k_{it}}\right) = \log(1+\tau_{it}) +$常数项，该假设也可以保证资本收益率的对数是服从正态分布的。

首先，本书对模型均衡状态下 TFP 的表达式（3.21）式取对数：

$$\log TFP = \log(1-\kappa_t) + (1-\alpha)\log g_t + \frac{1-(1-\alpha)\theta}{\theta}\log\left[\int \frac{e^{\frac{\theta(z_i^* + z_{it})}{1-\theta}}}{(1+\tau_{it})^{\frac{\alpha\theta}{1-\theta}}}di\right] - \alpha\log\left[\int \frac{e^{\frac{\theta(z_i^* + z_{it})}{1-\theta}}}{(1+\tau_{it})^{1+\frac{\alpha\theta}{1-\theta}}}di\right] \tag{3.22}$$

其次，将z_{it}和$\log(1+\tau_{it})$在其均值处进行二阶泰勒展开：

$$\log\left[\int \frac{e^{\frac{\theta(z_i^* + z_{it})}{1-\theta}}}{(1+\tau_{it})^{\frac{\alpha\theta}{1-\theta}}}di\right] \approx -\frac{\alpha\theta}{1-\theta}\mu_T(\Theta,w,Y) + \frac{1}{2}\left(\frac{\theta}{1-\theta}\right)^2\left[\sigma_z^2 - 2\alpha\sigma_{zT} + \alpha^2\sigma_T^2(\Theta,w,Y)\right]$$

$$\log\left[\int \frac{e^{\frac{\theta(z_i^* + z_{it})}{1-\theta}}}{(1+\tau_{it})^{1+\frac{\alpha\theta}{1-\theta}}}di\right] \approx -\left(1+\frac{\alpha\theta}{1-\theta}\right)\mu_T(\Theta,w,Y) + \frac{1}{2}\left[\left(\frac{\theta}{1-\theta}\right)^2\sigma_z^2 - 2\frac{\theta(1-\theta+\alpha\theta)}{(1-\theta)^2}\sigma_{zT} + \left(1+\frac{\alpha\theta}{1-\theta}\right)^2\sigma_T^2(\Theta,w,Y)\right]$$

最后，将上式代回（3.22）式可以推导出 TFP 的近似表达式：

$$\log TFP = \log(1-\kappa_t) + (1-\alpha)\log g_t - \frac{\alpha}{2}\left(1+\frac{\alpha\theta}{1-\theta}\right)\sigma_T^2(\Theta,w,Y) \tag{3.23}$$

其中，$\sigma_T^2(\Theta,w,Y)$是稳态中资本楔分布的方差。

在分析政策冲击对 TFP 的影响时，首先定义受到政策影响的处理组

（$Treat_i=1$）和不受政策影响的对照组（$Treat_i=0$），政策通过影响参数集合 Θ 来影响企业的生产。那么：

$$\begin{aligned}\Delta\log TFP_t &= \log TFP_{1,t} - \log TFP_{0,t} \\ &= \Delta\log(1-\kappa_t) + (1-\alpha)\Delta\log g_t - \frac{\alpha}{2}\left(1+\frac{\alpha\theta}{1-\theta}\right)\Delta\sigma_T^2\end{aligned}$$

其中，$\Delta\sigma_T^2 = \sigma_T^2(\Theta_1, w_1, Y_1) - \sigma_T^2(\Theta_0, w_0, Y_0)$。

该模型提供了基于大量的企业微观数据可以建立检验政策冲击对宏观TFP影响的计量策略。在本书分析的交通基础建设问题中，无法准确衡量政府相关支出量，因此，进一步采取近似估计的方法。

首先，将交通基础建设投入用是否开设高铁（$Post_{i,t}$）进行近似，$Post_{i,t}=1$ 表示开通高铁，反之则为0，那么，定义处理组与对照组之间交通基础建设政府投入的差异为$\widetilde{\Delta\log g_t} = \xi Post_{i,t}$。

其次，均衡状态下资本楔的分布情况与企业的经营情况和企业所在地区的发展情况紧密相关，假设$\widetilde{\Delta\sigma_T^2} = \kappa X_{it} + \eta City_{it}$，其中，$X_{it}$是企业层面的控制变量，$City_{it}$是企业所在城市的控制变量。

最后，处理组和对照组的全要素生产率差值 $\Delta\log TFP_t$与交通基础建设政策冲击 $Post_{i,t}$以及企业层面和城市层面的控制变量呈线性关系，将处理组和对照组之间的差异改写为与$Treat_i$的交叉项之后，处理组和对照组受到交通基础建设的影响可以写作双重差分的计量设计：

$$TFP_{it} = \alpha_0 + \alpha_1 Treat_i \times Post_{it} + \alpha_2 X_{it} + \alpha_3 City_{it} + \eta_i + \phi_t + \epsilon_{it} \tag{3.24}$$

其中，$Treat_i$表示处理组和控制组，处理组取值为1，对照组取值为0；$Post_{it}$表示政策冲击，政策后取值为1，政策前取值为0；X_{it}表示企业随时间变化的一系列特征；$City_{it}$表示企业所在城市随之间变化的一系列特征；个体固定效应 η_i 表示的是企业不随时间变化的相关特征；时间固定效应 ϕ_t 表示所有企业共同面对的随时间变化的基本面特征；ϵ_{it}为误差项。

3.5 小结

本章建立了一个连续时间的分散经济模型，引入了政府的交通基础设施投入，刻画了单个企业微观决策加总后的企业行为受到政策冲击、市场需求、劳动力市场变化等因素的影响。理论研究发现，首先，企业利润主要受到四个因素的影响：第一个因素是市场需求 Y，随着市场需求的增长，中间品企业的利润将增加；第二个因素是中间品企业的生产率 z，企业生产率越高，企业利润越高；第三个因素是劳动力市场的均衡工资 w，劳动力工资越高，企业的利润越低；第四个因素是政府的交通基础建设投入 g，政府的交通基础建设在一定范围内 $\left[g_t \leqslant \frac{(1-\alpha)\theta}{1+(1-\alpha)\theta}Y\right]$ 投入越高，企业的利润越高。

其次，政府在促进人力资本流动方面的交通基础建设投入对企业主要产生了三个方面的影响：第一，政府在促进人力资本流动方面的交通基础建设投入越多，企业最优的劳动雇佣数量越高；第二，政府在促进人力资本流动方面的交通基础建设投入越多，劳动力市场均衡的工资率越高，会增加企业的劳动雇佣成本；第三，政府促进人力资本流动方面的交通基础建设在一定范围内 $\left[g_t \leqslant \frac{(1-\alpha)\theta}{1+(1-\alpha)\theta}Y\right]$ 投入越多，企业的全要素生产率越高。

最后，本章基于理论模型分析构建了分析高铁对企业全要素成产率产生影响的计量策略，在研究高铁开通的政策冲击对 TFP 的影响时，定义受到政策影响的处理组企业（$Treat_i=1$）和不受政策影响的对照组企业（$Treat_i=0$），计量方程可以表示为：

$$TFP_{it}=\alpha_0+\alpha_1 Treat_i \times Post_{it}+\alpha_2 X_{it}+\alpha_3 City_{it}+\eta_i+\phi_t+\epsilon_{it} \tag{3.24}$$

其中，$Treat_i$ 表示处理组和控制组，处理组取值为 1，对照组取值为 0；$Post_{it}$ 表示政策冲击，政策后取值为 1，政策前取值为 0；X_{it} 表示企业随时间变化的一系列特征；$City_{it}$ 表示企业所在城市随之间变化的一系列特征；个体固定效应 η_i 表示的是企业不随时间变化的相关特征；时间固定效应 ϕ_t 表示所有企业共同面对的随时间变化的基本面特征；ϵ_{it} 为误差项。

第4章 高速铁路开通对小微企业全要素生产率的影响

4.1 引言

交通基础设施建设对于经济发展的贡献是不容忽视的（Fernald，1999；Duranton & Turner，2011；胡鞍钢和刘生龙，2011；Donaldson，2018），特别是对于中国来说，在过去的经济发展中，交通基础设施起到了非常重要的作用（Bai & Qian，2010；张学良，2012；刘冲和周黎安，2014）。党的十九大以来，中国进入了重要发展战略期，面临国内外日益复杂的环境，中国经济逐渐从高速增长阶段转向了高质量发展阶段。与此同时，创新对区域经济发展的重要性日益凸显，国家顶层设计以及相关政策的改革措施也日益强调构建适宜创新的社会及市场环境。

作为中国当前重要的交通工具，高铁在技术扩散和知识流动方面发挥了重要作用。高铁具有对人力资本的运输效应，能够加快劳动力等要素的流动。此外，城市的高铁建设可以提高该城市对各种人才的吸引力，尤其是高技能人才，进而提高高技能人才跨地区的流动（杜兴强和彭妙薇，2017；吉赟和杨青，2020），为高技能劳动力与企业间的匹配搭建桥梁，进而产生创新要素流动效应。而这些高技能人才自身就是技术创新与知识沟通的重要载体，他们在地区间的相互流动本身就能够加速知识的流动与技术的扩散，进而提高了地区的创新能力（卞元超等，2019）。

高铁的引入导致了交通跨越向铁路运输的模式转变，特别是在150～400公里的中等距离上，对航空运输业发起了直接挑战，高铁在中国的迅速普及促使要素资源流向更高效率的地方。方便的交通跨越能够引致更为充分的市场竞争，沿海城市、出口型企业受高铁影响带来的全要素生产率提升更为显著（宋冬林和姚常成，2019）。同时，出口的产品价值重量比越高的地区，受交通基础设施的影响越大，其中出口比重较大的区域集中在中东部。高铁在一定程度上能对资本流动产生一定影响，尤其对于那些地理位置距高铁站较远的企业，其作用机制为高铁弥补了投资者由于信息不对称对IPO[①]的折价（周京奎等，2019），但其影响的区域异质性仍然存在。此外，高铁的建设会造成“虹吸效应”，即提高了市场准入门槛，从而把外围城市的各种要素聚集到中心城市，促进中心城市生产率的提高，却降低了外围城市的生产率（张梦婷等，2018）。因此，中心城市与外围城市的劳动生产率水平存在巨大差异。

小微企业在中国经济社会发展中发挥着极其重要的作用，从国家统计局发布的全国经济普查系列报告中可以看出，小微企业的总量规模一直在不断壮大，在中国社会与经济发展中的影响力也在不断增强。截止到2017年7月末，中国共有2327.8万家的小微企业，此外还有5000.3万家个体工商户；其中，小型企业321.2万家，占比13.8%；微型企业2006.6万家，占比86.2%。由此可见，小微企业在中国有着举足轻重的地位。

中国铁路交通基础建设在小微企业发展过程中起到了一定促进作用。1997年的铁路大提速标志着中国铁路第一次跨越式的发展，而第二次是2007年开始的高速铁路建设，这一次奠定了高速铁路在中国铁路运输网络中的主导地位。2008年，“京津城际高铁”正式开通运营，标志着中国第一条真正意义上的高速铁路的落地，之后的十年内又构建了“八纵八横”的高铁网络格局，最高时速可达350公里。以此为起点，截至2019年12月底，中国高速铁路线已经建成30余条，运营速度介于250公里至350公里，且运营总里程达到2.9万公里，稳居世界第一。中国高铁的开通不仅极大减少了居民出行的时间，还在空间与时间上拉近了城市与城市之间的

① 首次公开募股（Inital Public offering，IPO）

距离。在此背景下，准确、客观地评估基础设施建设对小微企业的影响具有重要的理论和实践意义。

公路、铁路与航运等交通运输设施的建设能够缩短城市之间在空间与时间上的距离，促进资本和劳动力在城市间的流动，进而推动地区的经济发展。已有文献对高铁促进经济发展的研究主要集中在以下三个方面——劳动力、研发和运输成本。首先，高速铁路可以加快区域劳动力流动，促进人力资本间的融合，从而提升了就业（董艳梅和朱英明，2016；李祥妹等，2014）。其次，完善的交通基础设施有利于知识的扩散，进而影响企业的创新（Agrawal et al.，2017）。因此，高铁的开通可以促使地区增加研发投入，从而推动经济发展（Andersson & Karlsson，2002；Fritsch & Slavtchev，2011）。最后，交通基础设施的不断完善能够降低地区间的运输成本，从而促进了贸易的发展（Bougheas et al.，1999）。

实证结果同样支持了交通基础设施建设对经济发展具有促进作用的观点。Ahlfeldt 和 Feddersen（2010），Aschauer（1989）发现交通基础设施建设对企业生产率具有显著的推动作用，并促进了区域经济的增长。国内的研究同样印证了这一结论。张学良（2012）发现交通基础设施降低了企业运输成本，最终带动了整体经济的发展。李欣泽等（2017）认为，高铁的建设能够促进资本要素流动，优化企业资源配置。然而，也有研究指出高铁建设未必会促进经济发展，如刘荃和端木和峰（2010）发现当经济步入缓慢增长期时，高铁建设会对地区经济增长产生负向效应，从而不利于区域内企业的发展。总体而言，现有文献大部分都强调了高铁对区域内企业发展具备积极的作用，但是由于公开数据库中缺少小微企业的相关数据，因此现有研究少有讨论高铁对小微企业的影响。

本书使用 2011—2015 年财政部全国企业税收调查数据，采用双重差分方法，实证分析了高铁的开通对于当地小微企业生产效率的影响。研究发现，高速铁路开通一年后，对所开通城市小微企业全要素生产率的促进效应并不明显，但在开通两年后，当地小微企业的全要素生产率得到了显著提升。本书的进一步分析表明，高铁开通促进了小微企业的就业、借款和企业研发，从而最终提升了小微企业的全要素生产率。最后，通过行业和地区的异质性检验，本书发现高铁开通对西部地区和民营企业的生产效率促进效果更大。本书通过检验高铁开通对小微企业 TFP 的影响，分析了交通基础设施影响企业生产效率的重要微观机制。同时，现有研究高铁影响企业效率的文献，大多分析了规模以上企业或者是上市公司，而本书使用的是小微企业的微观数据，以此来分析小微企业面对政策冲击时的不同影响。

4.2 高速铁路的制度背景

近年来，中国的高速铁路进入快速发展阶段。从建设总量看，高速铁路建设里程将超过 4 万公里，复线率超过 60%，电气化超过 70%，高铁的建设里程数位居世界第一位。从建设质量看，中国的高速铁路完全拥有自主知识产权，经过多年的发展，在产业配套和技术研发等方面已经迈向高铁建设的世界第一阵营。从国际合作看，中国高铁已经获得国际社会广泛认可，并与多个国家签署高铁合作框架协议，包括中美“西部快线高速铁路”协议、中俄“莫斯科—喀山”线路协议等。在这些国际项目中，中国采取了多种建设模式，一方面，在各地区兴建制造工厂，实现技术高效输出；另一方面，通过参与投资入股和建设运营，与建设合作国一同推进高水平的高速铁路建设。现如今，多个国家已经建成完全采用中国技术标准的高速铁路项目。

表 4－1　　　　中国高铁的发展（2008—2017 年）

年份	营业里程（公里）	占铁路营业里程比重（%）	客运量（万人次）	占铁路客运量比重（%）	旅客周转量（亿人次公里）	占铁路客运周转量比重（%）
2008	672	0.8	734	0.5	15.6	0.2
2009	2699	3.2	4651	3.1	162.2	2.1
2010	5133	5.6	13323	8.0	463.2	5.3
2011	6601	7.1	28552	15.8	1058.4	11.0
2012	9356	9.6	38815	20.5	1446.1	14.7
2013	11028	10.7	52962	25.1	2141.1	20.2
2014	16456	14.7	70378	30.5	2825.0	25.1
2015	19838	16.4	96139	37.9	3863.4	32.3
2016	22980	18.5	122128	43.4	4641.0	36.9
2017	25164	19.8	175216	56.8	5875.6	43.7

注：数据来源于国家统计局《中国统计年鉴 2018》。

从表 4－1 数据中可以看出，近年来中国的铁路营业里程数、客运量和旅客周转量在逐步攀升，营业里程数从 2008 年的 672 公里增长到了 2017 年的 25164 公里，客运量从 2008 年的 734 万人次增加到 2017 年的 175216 万人次。无论是在质量还是数量上，中国的高速铁路都获得了长足的发展。与此同时，中国的高速铁路规划逐步颁布和实施，进一步确保了高速铁路中长期的高质量发展。国家发展改革委颁布的《中长期铁路网规划》（发改基础〔2016〕1536 号）显示，到 2025 年，将实现中国高速铁路里程数达 3. 8 万公里，到 2030 年逐步形成“八纵八横”的铁路主干道网络。在此发展趋势下，中国的高速铁路将进一步扩展到更多城市区域，进一步降低区域范围内的运输成本和运输时间，实现地区间经济的高效联通。这将加速区域间的资本、劳动力生产要素的流动，促进区域间经济的协同发展，提升中国经济的资源配置效率，从而进一步推动经济高质量发展。

表 4－2　　中国大陆地区各年高速铁路开通情况（2011—2015 年）

开通年份	开通线路数量	开通线路的名称	开通区域		
	共 46 条		东部（22）	中部（9）	西部（15）
2011	3 条	京沪、广深港、广珠	3	0	0
2012	4 条	汉宜、石武、哈大、京石	3	1	0
2013	15 条	遂渝、宁杭、杭甬、盘营、津秦、宝西、渝利、厦深、向莆、集包、茂湛、衡柳、柳南、成灌、武咸	7	3	5
2014	10 条	杭长、长昆、南广、武黄、大西、兰新、成绵乐、贵广、青荣、郑开	2	3	5
2015	14 条	长昆，广深港、哈齐、宁安、南昆、成渝、贵开、郑焦、沈丹、津滨、长珲、兰中、丹大、津保	7	2	5

注：截至 2015 年各地区高铁站数量如下：东部：253 站；中部：123 站；西部：191 站。

本书整理了近年来《全国铁路旅客列车时刻表》中的相关数据，构建了一个涵盖近年来高铁开通相关数据的数据库。从车次类型看，主要搜集了高速铁路动车组（G 开头）的列车信息、动车（D 开头）的列车信息和城际铁路（C 开头）的列车信息。此外，还搜集了车次、年份、站次以及途经城市等多维度的数据信息。

4.3 实证设计

4.3.1 数据来源

本书使用的小微企业微观数据来自 2011—2015 年的全国税收调查数据，其他地方经济相关的数据来自国泰安数据库。全国税收调查数据是由财政部与国家税务总局联合组织收集的，使用了分层随机抽样的方法抽取企业进行填报（高培勇和毛捷，2013）。具体的调查工作由各个地方财税机关负责，确保了数据调查的质量，还显著提高了数据填报的准确度。具体来说，每年的企业抽样样本大约为 70 万家，覆盖所有行业，包括重点调查与抽样调查。这其中，80% 的企业属于重点调查对象，而 20% 的企业属于分层抽样调查对象。与目前被广泛应用的工业企业数据库不同的是，全国税收调查数据的调查对象既包括不同规模的制造业企业，也包括个体经营者及小规模的服务业企业，为微观企业研究提供了极为宝贵和丰富的数据资源。此外，该数据库涵盖的指标也十分全面，主要包含了企业特征数据和企业财务数据。具体来看，不仅包括企业纳税识别号、所有制类型等企业个体特征信息，也包括纳税申报表、资产负债表、现金流量表、利润表等会计报表，涉及 400 多个财务指标的详细数据。本书使用的小微企业微观数据是该数据库中小微企业样本的子样本（再抽样的比例约为 6.6%），覆盖了全部行业，每年样本量为 4 万多家企业。

相较于目前文献中广泛使用的工业企业数据库及 A 股上市公司数据库，全国税收调查数据库具有下列三个方面的优势。第一，包括企业纳税数据。全国税收调查数据库除了提供企业个体特征信息及企业财务数据之外，还包括翔实的企业纳税数据，这就为税收研究带来了非常翔实且十分准确的数据。第二，包括小微企业。工业企业数据与上市公司数据包含的主要是规模以上的企业，而全国税收调查数据库首次调查了数量颇多的小微企业。小微企业作为中国经济重要的组成部分，其生产经营状况及受政策冲击后的表现明显不同于规模以上企业，而全国税收调查数据库正好弥补了这方面的缺陷，该数据库为分析小微企业相关问题提供了十分详细的数据。第三，该数据时效性更强。目前文献中研究使用的工业企业数据库绝大多数都是 2013 年前的数据，这就造成了数据在时间上的不足，限制了部分研究。如 2012 年开始"营改增"试点，但由于数据只到 2013 年，仅使用工企数据库就没办法分析"营改增"造成的长期影响，而全国税收调查数据库就不存在这种问题。

为了进一步界定研究样本，本书采取了以下步骤对数据进行整理和分类。第一，整理企业纳税识别号。对纳税识别号中包含的空格等非法字符进行了删除整理。企业的纳税识别号包含 15 位数字（或者包含字母），是企业唯一的识别代码，其中企业登记的行政区划代码为前 6 位，企业主体标识码为后 9 位。第二，调整了企业所属的行业。在处理数据的过程中，本书发现行业代码的执行标准在不同年份有所不同。为此，本书根据 2011 年国家统计局颁布的《国民经济行业分类 GB/T 4754—2011》来划分企业行业①，并对行业代码作了统一处理②。第三，识别小微企业范围。本书使用的小微企业范围是依据 2011 年工业和信息化部、国家统计局、发展改革委、财政部制定的《中小企业划型标准规定》（工信部联企业〔2011〕300 号）中关于小型企业和微型企业的划分标准，以此确定小微企业范围。接下来，本书进行了如下的数据清理：首先，剔除了违背会计原则的样本，如固定资产大于总资产、企业利润总额大于企业营业收入。其次，剔除某些存在明显逻辑性错误的指标，如营业收入为负数。最后，遇到某些税收数据缺失时，本书将该数值假设为 0。具体来说，对于没有填写相应税收情况的税种，本书认为便默认为该项税收没有进行收取。最终，本书得到 242220 个观测值。

---

① 2008—2010 年之前的全国税收调查数据中企业的行业登记信息按照 2002 年的旧版国民经济行业代码（GB/T 4754—2002）填写，而 2011 年数据是按照 2011 年的国民经济行业代码（GB/T 4754—2011）登记。

② 具体处理方法：通过税收调查数据中的字母加四位数字结合《国家经济行业分类》区分出企业的经济类型；通过纳税人识别号的第 1 位至第 6 位区分出企业所在的区域。

在控制变量方面，本书加入了一些企业层面以及城市层面的控制变量。在企业层面包括资产负债率、资产收益率以及资产对数值；在城市层面包括地方债务、地方居民储蓄、地方国内生产总值（GDP）和地方资产投资。具体变量的描述统计详见表4－3。

表4－3　　　　描述性统计

	观测值	均值	标准差	p25	中位数	p75
全要素生产率TFP	242220	0.03	3.42	－0.01	1.08	2.00
市高铁前一年开通	242220	0.68	0.47	0.00	1.00	1.00
市高铁前两年开通	242220	0.50	0.50	0.00	0.00	1.00
员工人数对数	242220	3.67	1.37	2.77	3.78	4.66
出口金额对数	242220	1.59	3.56	0.00	0.00	0.00
研发投入对数	242220	0.32	1.52	0.00	0.00	0.00
资产收益率	242220	0.06	0.38	－0.01	0.001	0.05
资产负债率	242220	0.62	0.41	0.31	0.65	0.87
资产对数	242220	9.73	2.75	8.56	10.02	11.38
地方债务对数	242220	17.57	1.50	16.28	17.70	18.86
地方居民储蓄对数	242220	17.95	1.49	16.71	17.93	19.10
地方GDP对数	242220	2.09	0.72	1.54	2.01	2.68
地方资产投资对数	242220	15.59	1.15	14.69	15.32	16.38

注：地方相关统计指标的单位为亿元。

资产收益率、资产负债率：资产收益率（ROA）用税后净利润占总资产比值来衡量，资产负债率用总负债占总资产比值衡量，这两者均衡量了企业的经营效率。较高的企业资产收益率，说明企业利用资产的效果较好，也能说明企业能更好地利用资源，生产效率也就越高，反之则相反。资产负债率越高，表明企业偿债能力越低，企业的贷款能力越低，不利于企业贷款进行扩大再生产，因此企业的生产效率无法进一步提高，否则相反（张天华等，2018）。

资产对数：用企业资产均值取自然对数来衡量。企业的资产可以用来衡量企业的规模大小，规模越大的企业越能通过规模经济来降低企业的生产经营成本，进而提高企业生产效率。

地方债务：地方债务可以体现出地方政府运转资金的能力。增加地方资金的使用额，一方面通过直接投资来提高当地 GDP，另一方面用于加大基础设施建设来促进当地企业的生产效率（范剑勇等，2014）。

地方居民储蓄：对城市居民储蓄取自然对数。地方居民高储蓄率是促进当地全要素生产率的重要因素（杨天宇和贺婷，2011）。

地方 GDP：较高的地方 GDP 意味着城市经济规模越大，经济活动越多，坐落于该城市的企业生产率就越高，企业间要素配置也较为合理（Puga，2010）。

地方资产投资：使用地方固定资产投资占地方 GDP 比值来衡量。固定资产投资不仅会提高物质资本的累积，而且会进一步促进当地企业资本要素的优化配置（董艳梅和朱英明，2016）。

本书 TFP 的计算方式参考 Giannetti 等（2015）和鲁晓东和连玉君（2012），具体的计算方法如下：对于一个行业年中的所有公司，本书将销售的自然对数与总资产的自然对数，员工总数的自然对数以及原材料和服务的现金支付的自然对数进行回归。计算得到小微企业的 TFP 均值为 0.03，标准差为 3.42，中位数为 1.08。而企业所在城市在一年前高铁开通的比例达到 68%，两年前开通的比例则是 50%，表明在 2011 年到 2015 年中国大部分城市都已经开通了高铁。员工人数、出口金额和研发投入的对数值分别达到 3.67、1.59 和 0.32，表明企业员工人数庞大，出口金额高并且有不低的研发投入。从企业的财务情况来看，企业的资产收益率和资产负债率分别达到 6% 和 62%，资产规模的对数值平均为 9.73，表明所调查企业为高资产企业，并且企业的资产利用率好但企业负债率较高。除此之外，本书还能知道企业所在地的地方债务、地方居民储蓄、地方 GDP 和地方资产投资的对数分别为 17.57 亿元、17.95 亿元、2.09 亿元和 15.59 亿元。

4.3.2　实证设计

结合 3.3 章节与 3.4 章节的理论分析结果，在本书的实证研究中，我们用高铁开通来代表基础设施建设的变化情况。针对不同的因变量，本书采用双重差分的计量设计，选取高速铁路开通城市的小微企业为处理组，没有开通高速铁路城市的小微企业为对照组，分别用以下的实证模型估计高铁开通对小微企业全要素生产率的影响，以及对其他影响小微企业发展的因素的影响。构建计量模型如下：

$$Y_{i,t} = \beta_0 + \beta_1 \times (Treat_i \times Post_{i,t}) + \gamma \times X_{i,t} + \eta_i + \phi_t + \varepsilon_{i,t} \quad (4.1)$$

$$Y_{i,t} = \beta_0 + \beta_2 \times (Treat_i \times Post_{i,t-1}) + \gamma \times X_{i,t} + \eta_i + \phi_t + \varepsilon_{i,t} \quad (4.2)$$

$$Y_{i,t} = \beta_0 + \beta_3 \times (Treat_i \times Post_{i,t-2}) + \gamma \times X_{i,t} + \eta_i + \phi_t + \varepsilon_{i,t} \quad (4.3)$$

其中，i 代表不同企业，t 为不同年份。$Treat_i$表示处理组和控制组，处理组取值为 1，对照组取值为 0；$Post_{it}$表示政策冲击，政策后取值为 1，政策前取值为 0；X_{it}表示企业随时间变化的一系列特征；个体固定效应 η_i 表示的是企业不随时间变化的相关特征；时间固定效应 ϕ_t 表示所有企业共同面对的随时间变化的基本面特征，$\varepsilon_{i,t}$为误差项。本书关注的因变量包括以下四个：小微企业全要素生产率，企业雇佣人数对数，出口金额对数以及研发资金对数。本书主要关注的自变量为小微企业所在城市当年（t 年）是否开通高速铁路（$Treat_i \times Post_{i,t}$），小微企业所在城市在一年前（$t-1$ 年）是否开通高速铁路（$Treat_i \times Post_{i,t-1}$）与小微企业所在城市在两年前（$t-2$ 年）是否开通高速铁路（$Treat_i \times Post_{i,t-2}$）。参考现有文献，本书选取控制变量 $X_{i,t}$包括企业层面控制变量和地方层面控制变量，企业层面控制变量包括企业的资产回报率，资产负债率，资产对数；地方层面控制变量包括企业所在地区的居民储蓄对数，债务对数，GDP 对数以及当年固定资产投资对数。

高铁开通对企业全要素生产率和其他影响企业发展因素的影响体现在 $Treat_i \times Post_{i,t}$，$Treat_i \times Post_{i,t-1}$，$Treat_i \times Post_{i,t-2}$回归系数上，即相对于没有开通高铁城市中的对照组企业，开通高速铁路当年处理组小微企业的 TFP 会多增加 β_1 个单位，开通高速铁路一年后处理组小微企业的 TFP 会多增加 β_2 个单位，开通高速铁路两年后处理组小微企业的 TFP 会多增加 β_3 个单位。考虑可能存在的企业异质性，以及同一企业不同年份 TFP 的序列相关性，本书所有模型估计的标准误使用公司层面聚类的方式计算得到（褚竹君等，2019）。

此外，在高铁对于生产效率的影响机制方面，本书通过文献整理和总结认为，高速铁路在全国范围内的建设，通过不断降低中国各个城市之间的交通成本，提高了城市间的市场一体化，增加了各个城市的贸易机会。对于企业来说，到达相同城市拥有更多的选择路径，可以用更加低廉的成本在更大范围内的市场上进行贸易，为企业带来了多方面的便捷。具体来说，从要素市场来看，高速铁路的开通降低了全国各个城市之间的交通运输成本，使得企业可以获得更广阔的产业要素市场，用更低的价格，选择质量更好的要素投入产品生产，这直接减轻了企业的成本负担，能够以更低生产成本来生产产品，从而促进企业生产效率的提高。从产品市场来看，高速铁路的开通直接扩大了企业间的交易范围、规模，使得企业可以用更加低廉的交通运输成本，把更多的生产产品销售到更广的市场，提高了企业的规模经济，压低了企业的平均生产、销售成本，从而提高了企业的生产效率（Aitken & Harrison，1999），同时也会促使企业提高投资，又进一步提高企业生产效率（Bustos，2011；Liu & Lu，2015）。因此，基于理论分析和文献梳理，本书提出如下假说。

H1：小微企业所在城市开通高铁后，总体上会提升企业全要素生产率。

H2：高铁的开通，降低了企业生产、运输等成本，使得企业有能力加大生产要素投入，如雇佣更多员工等，进而提高企业生产效率。

H3：高铁的开通拉近了城市之间在空间和时间上的距离，从而促进地区间人口的流动，进一步加快劳动力的流动速度并增加劳动力的配置效率，从而提高企业生产率。

H4：高速铁路的开通促进了企业生产要素投入的增加，改善了小微企业人力资本配置效率，提高了小微企业研发投入，从而进一步提高小微企业生产效率。

在进行双重差分检验（Difference - In - Difference）之前，本书对高速铁路开通对小微企业全要素生产率的影响进行了平行趋势检验。图 4 - 1 展示了平行趋势检验的结果，图中横轴上的 open_l2、open_l1、open_0、open_f1、open_f2、open_f3 分别代表高速铁路开通前两年、开通前一年、开通当年、开通第一年、开通第二年和开通第三年；纵轴则表示回归系数。图中的圆点是开通年份的处理效应，竖线则代表 95% 置信区间。

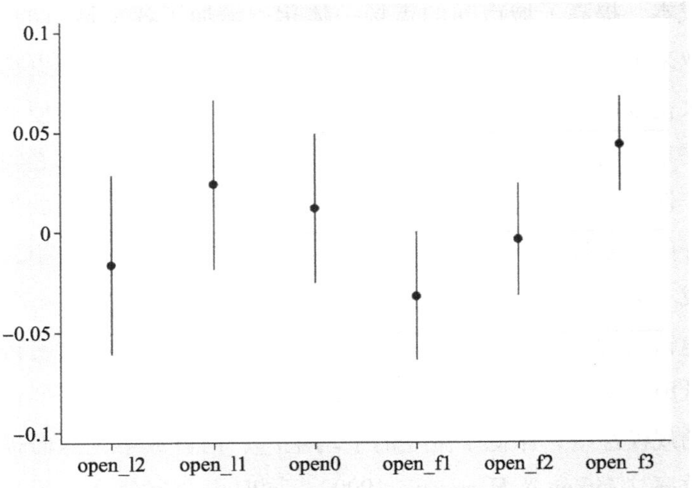

图 4－1　高速铁路开通对小微企业全要素生产率的影响（平行趋势检验）

如图 4－1 所示，高速铁路的开通对企业全要素生产率的影响有一定滞后性，由于高速铁路是以客运为主的专用线路，因此对企业的影响是通过人的流动进行作用的。正因为劳动力的流动有一定的时滞性，因此开通后处理效应没有马上显著为正。下文的研究结果也支持了上述结论的成立。

首先，本书根据实证模型（4.1）、模型（4.2）、模型（4.3）分别估计了高铁开通后对小微企业全要素生产率的影响。根据实证模型，本书分别探究了小微企业所在地级市高铁开通当年、一年后和两年后对小微企业 TFP 产生的影响。如表 4－4 所示，在第（1）列和第（3）列中，本书控制了年份和城市的固定效应，在第（2）列和第（4）列中，本书控制了年份和公司的固定效应。列（1）、列（2）是高铁开通当年的影响，列（3）、列（4）是高铁前一年开通的影响，列（5）、列（6）是高铁前两年开通的影响。第（1）～第（4）列的结果表明，小微企业的 TFP 在开通高铁当年和一年后没有受到显著影响。而第（5）～第（6）列的结果则表明，小微企业的 TFP 在高铁开通两年后相比于没有开通高铁城市的对照组企业会有显著提升，增加幅度达到 0.037～0.05 个单位，达到样本标准差 10%～15%。由此，本书发现高铁开通可以有效促进小微企业的生产效率。

表 4－4　　高速铁路开通对小微企业全要素生产率的影响

	因变量：小微企业的全要素生产率（TFP）					
	（1）	（2）	（3）	（4）	（5）	（6）
市高铁当年开通	－0.020	－0.010				
	（0.017）	（0.017）				
市高铁前一年开通			－0.024	－0.023		
			（0.016）	（0.015）		
市高铁两年前开通					0.050***	0.037***
					（0.014）	（0.014）
资产收益率	－0.009***	0.001***	－0.009***	0.001***	－0.009***	0.001***
	（0.000）	（0.000）	（0.000）	（0.000）	（0.000）	（0.000）
资产负债率	－0.002***	－0.001***	－0.002***	－0.001***	－0.002***	－0.001***
	（0.000）	（0.000）	（0.000）	（0.000）	（0.000）	（0.000）
资产对数	0.017***	－0.343***	0.017***	－0.343***	0.017***	－0.343***
	（0.005）	（0.006）	（0.005）	（0.006）	（0.005）	（0.006）
地方债务对数	－0.265***	－0.154*	－0.265***	－0.154*	－0.260***	－0.148*
	（0.090）	（0.086）	（0.089）	（0.086）	（0.089）	（0.086）
地方居民储蓄对数	0.469***	0.429***	0.475***	0.431***	0.458***	0.418***
	（0.079）	（0.077）	（0.079）	（0.077）	（0.079）	（0.077）
地方 GDP 对数	0.030*	0.030*	0.029	0.028*	0.043**	0.039**
	（0.018）	（0.016）	（0.018）	（0.016）	（0.018）	（0.016）
地方资产投资对数	0.038**	0.035**	0.038**	0.035**	0.039**	0.036**
	（0.016）	（0.016）	（0.016）	（0.016）	（0.016）	（0.016）
公司固定效应	未控制	控制	未控制	控制	未控制	控制
市级固定效应	控制	未控制	控制	未控制	控制	未控制
时间固定效应	控制	控制	控制	控制	控制	控制
观测值	242220	242220	242220	242220	242220	242220
组内 R^2	0.010	0.064	0.010	0.064	0.010	0.064

注：*、**、*** 分别表示 10%、5% 和 1% 的显著性水平，所有回归的标准误在企业层面上聚类稳健。

从控制变量来看，与现有文献的估计结果类似。具体而言，企业资产负债率越高，所在城市地方债务越高，则小微企业的全要素生产率越低；企业所在城市的经济发展水平越高，居民储蓄越高，地方资产投资越多，则小微企业的全要素生产率越高。具体以第（4）列结果为基准来看，小微企业 ROA 上升 1%，全要素生产率平均增长 0.001 个单位；资产负债率增加 1%，全要素生产率平均减少 0.001 个单位；资产规模每增加 1%，企业全要素生产率平均减少 0.343 个单位；所在城市的地方债务每增加 1%，企业全要素生产率平均减少 0.154 个单位；地方居民储蓄每增加 1%，企业全要素生产率平均增加 0.431 个单位；地方 GDP 或者地方固定资产投资每增加 1%，对企业全要素生产率提升作用较小，仅增加 0.028 个或 0.035 个单位。

4.4 稳健性分析

在本小节，本书展示了稳健性分析的结果，验证本书结果的稳健性。

4.4.1 删除特大型城市分析

特大型城市往往设有多个高铁站，并且对小微企业的鼓励政策更加完善。为了保证结果不受特大城市企业的影响，本书排除了北京、上海、广州和深圳地区的小微企业样本，在剩余的样本里进行回归分析，得到表 4-5。结果表明这一改变不影响本书的主要结论，即高铁开通会提升所在城市小微企业的全要素生产率，但是高铁开通后两年对企业的影响才显著为正，说明高铁对企业的促进作用是逐步显现的。

表 4-5　删除特大型城市

项目	(1)	(2)
	TFP	TFP
高速铁路一年前开通	0.016	
	(0.018)	
高速铁路两年前开通		0.031**
		(0.016)
资产收益率	0.003***	0.003***
	(0.000)	(0.000)

续表

项目	(1)	(2)
	TFP	TFP
资产负债率	-0.002***	-0.002***
	(0.000)	(0.000)
资产对数	-0.436***	-0.436***
	(0.007)	(0.007)
地方债务对数	0.052	0.038
	(0.226)	(0.226)
地方居民储蓄对数	-0.253	-0.324
	(0.203)	(0.207)
地方 GDP 对数	0.495***	0.512***
	(0.115)	(0.115)
地方资产投资对数	0.052	0.055
	(0.037)	(0.037)
公司固定效应	控制	控制
时间固定效应	控制	控制
观测值	197180	197180
组内 R^2	0.075	0.075

注：*、**、*** 分别表示 10%、5% 和 1% 的显著性水平，所有回归的标准误在企业层面上聚类稳健。

4.4.2 小微企业分类标准分析

在主回归里，本书要求样本企业在观测期间均是小微企业，由于高铁开通可能促进小微企业发展，使小微企业规模和营收增加，不再符合小微企业定义，这类样本会被本书排除。在稳健性检验里，本书将这一标准改变，观察其对结果的影响。本书将小微企业做了四个分类的标准，即在 2011—2015 年中，有一年、两年、三年和四年符合小微企业标准的企业样本，并代入模型（3.26）和模型（3.27）进行回归分析，得到表 4-6A 和表 4-6B。结果表明，本书的基准结果依然成立。

表 4－6A　　改变小微企业分类标准

项目	至少一年		至少两年	
	TFP	TFP	TFP	TFP
高铁开通前一年	0.038		0.023	
	(0.018)		(0.018)	
高铁开通前两年		0.051 ***		0.042 ***
		(0.014)		(0.014)
资产收益率	0.004 ***	0.004 ***	0.004 ***	0.004 ***
	(0.000)	(0.000)	(0.000)	(0.000)
资产负债率	－0.001 ***	－0.001 ***	－0.002 ***	－0.002 ***
	(0.000)	(0.000)	(0.000)	(0.000)
资产对数	－0.347 ***	－0.347 ***	－0.367 ***	－0.367 ***
	(0.007)	(0.007)	(0.007)	(0.007)
地方债务对数	－0.336 ***	－0.340 ***	－0.258 ***	－0.258 ***
	(0.086)	(0.085)	(0.088)	(0.087)
地方居民储蓄对数	0.640 ***	0.637 ***	0.553 ***	0.547 ***
	(0.075)	(0.075)	(0.077)	(0.077)
地方 GDP 对数	0.015	0.030 *	0.027	0.039 **
	(0.017)	(0.017)	(0.017)	(0.017)
地方资产投资对数	0.030 ***	0.031 ***	0.030 **	0.031 **
	(0.014)	(0.014)	(0.015)	(0.015)
公司固定效应	控制	控制	控制	控制
时间固定效应	控制	控制	控制	控制
观测值	310642	310642	288082	288082
组内 R^2	0.052	0.052	0.061	0.061

注：*、**、*** 分别表示 10%、5% 和 1% 的显著性水平，所有回归的标准误在企业层面上聚类稳健。

表 4－6B　　改变小微企业分类标准

项目	至少三年		至少四年	
	TFP	TFP	TFP	TFP
高铁开通前一年	0.016		0.028	
	(0.018)		(0.017)	

续表

项目	至少三年		至少四年	
	TFP	TFP	TFP	TFP
高铁开通前两年		0.045 ***		0.042 ***
		(0.014)		(0.014)
资产收益率	0.003 ***	0.003 ***	0.003 ***	0.003 ***
	(0.000)	(0.000)	(0.000)	(0.000)
资产负债率	-0.002 ***	-0.002 ***	-0.002 ***	-0.002 ***
	(0.000)	(0.000)	(0.000)	(0.000)
资产对数	-0.378 ***	-0.378 ***	-0.391 ***	-0.391 ***
	(0.007)	(0.007)	(0.007)	(0.007)
地方债务对数	-0.281 ***	-0.277 ***	-0.273 ***	-0.275 ***
	(0.088)	(0.088)	(0.090)	(0.089)
地方居民储蓄对数	0.574 ***	0.565 ***	0.571 ***	0.566 ***
	(0.078)	(0.078)	(0.080)	(0.080)
地方 GDP 对数	0.36 **	0.047 ***	0.041 **	0.053 ***
	(0.017)	(0.017)	(0.017)	(0.017)
地方资产投资对数	0.032 **	0.033 **	0.034 **	0.036 **
	(0.015)	(0.015)	(0.016)	(0.016)
公司固定效应	控制	控制	控制	控制
时间固定效应	控制	控制	控制	控制
观测值	273234	273234	260162	260162
组内 R^2	0.067	0.067	0.075	0.075

注：*、**、*** 分别表示 10%、5% 和 1% 的显著性水平，所有回归的标准误在企业层面上聚类稳健。

4.4.3　县区分析

为了进一步证明高速铁路的开通对沿线地区的小微企业的影响，本书将高速铁路经过的地点由市级进一步细化到县（区）级。在之前的市级样本检验中，本书默认只要一个地级市所属的一个县区开通高速铁路就被视为这个地级市已经开通高速铁路，并研究了高速铁路的开通对这个地级市所辖小微企业的影响。为了进一步检验高速铁路开通对所经过地区的小微企业的影响，本书将高速铁路经过地区细化的县（区）级，以对比检验有高速铁路通过的县（区）中的小微企业与没有高速铁路通过的县区的小微企业的影响。其中，处理组是所在县（区）开通了高铁的小微企业，对照组是所在县（区）没有开通高铁的小微企业。

表4－7的第（1）～第（2）列汇报了全部小微企业的TFP对企业所在县（区）高铁开通DID变量的回归结果。结果表明，高速铁路开通一年和两年后，设站县（区）的小微企业TFP相比没有开通高铁的对照组企业分别提升了0.059个和0.055个单位。

进一步地，本书删除没有开通高铁城市的小微企业，仅考虑开通了高铁的城市样本，得到199715个观测值，其中，处理组是所在县（区）开通了高铁的小微企业，对照组是所在城市开通了高铁，但是所在县（区）没有开通高铁的小微企业，进一步探讨高铁开通对县（区）级小微企业生产效率的影响。

表4－7的第（3）～第（4）列汇报了高铁开通城市内的小微企业TFP对企业所在县（区）高铁开通DID变量的回归结果。结果表明，高速铁路开通一年和两年后，设站县（区）的小微企业TFP相比没有开通高铁的对照组企业分别提升了0.053个和0.051个单位。

对比表4－7第（2）、第（4）列和表4－4第（5）、第（6）列的回归结果，本书发现高铁开通对于县（区）级小微企业生产效率的拉动作用大于对市级小微企业的作用。市级的回归结果显示高铁开通一年后并未对市级小微企业的生产效率产生积极的影响，甚至产生了一定的负向影响。但在县（区）级，其结果都显示高速铁路开通一年后就会对县区小微企业的生产效率产生正效应。这说明高速铁路的开通能更好地促进县区级小微企业的TFP增加，增加县区级小微企业的产出。同时，可以明显的看到，直接有高速铁路开通的县区对小微企业TFP的拉动，显著高于没有高速铁路通车的县区，这也间接说明了为什么县区级政府对高铁站的“渴望”。

进一步对比表4－7第（1）、第（2）列和第（3）、第（4）列的结果，本书发现所在县（区）开通高铁对小微企业生产效率的拉动作用，大于对高铁所在城市其他区县的小微企业的作用。该结果说明高铁对小微企业的拉动作用随着距离有逐渐递减的趋势，如果小微企业所在城市开通高铁，然而高铁站不在其所在的县（区），那么高铁对其生产效率的拉动作用依然相对有限。

表 4－7　　　　　　　高速铁路开通的影响细化到县区一级

项目	因变量：小微企业的全要素生产率（TFP）			
	(1)	(2)	(3)	(4)
	全样本		所在城市设站的样本	
县区高铁一年前开通	0.059***		0.053***	
	(0.020)		(0.020)	
县区高铁两年前开通		0.055***		0.051***
		(0.017)		(0.018)
资产收益率	0.001***	0.002***	0.001***	0.002***
	(0.000)	(0.000)	(0.000)	(0.000)
资产负债率	－0.001***	－0.001***	－0.001***	－0.001***
	(0.000)	(0.000)	(0.000)	(0.000)
资产对数	－0.343***	－0.321***	－0.343***	－0.321***
	(0.006)	(0.007)	(0.006)	(0.007)
地方债务对数	－0.155*	－0.114	－0.149*	－0.107
	(0.086)	(0.098)	(0.086)	(0.098)
地方居民储蓄对数	0.429***	0.411***	0.419***	0.401***
	(0.077)	(0.081)	(0.077)	(0.081)
地方 GDP 对数	0.033**	0.018	0.035**	0.020
	(0.016)	(0.016)	(0.016)	(0.016)
地方资产投资对数	0.035**	0.033**	0.035**	0.033**
	(0.016)	(0.016)	(0.016)	(0.016)
公司固定效应	未控制	控制	未控制	控制
市级固定效应	控制	未控制	控制	未控制
时间固定效应	控制	控制	控制	控制
观测值	242220	242220	199715	199715
组内 R^2	0.010	0.064	0.057	0.057

注：*、**、*** 分别表示 10%、5% 和 1% 的显著性水平，所有回归的标准误在企业层面上聚类稳健。

第5章 高速铁路开通提升小微企业生产率的机制分析

5.1 引言

随着科技的飞速发展，高速铁路（高铁）作为现代化交通的重要标志之一，已在全球范围内得到了广泛应用。近二十年来，高铁在我国的发展尤为迅猛，不仅极大地缩短了城市间的时空距离，还深刻地影响了区域经济的布局和企业的发展。特别是对于那些处于交通枢纽或是高铁沿线城市的小微企业而言，高铁的开通为其带来了前所未有的机遇和挑战。

在此背景下，本书旨在深入探讨高铁开通对小微企业全要素生产率的影响及其机制。全要素生产率（TFP）是衡量企业生产效率的重要指标，它反映了企业在给定投入下实现产出的能力。在上一章节中，通过分析高铁开通后小微企业 TFP 的变化，本书准确地评估了高铁对小微企业发展的实际贡献，发现高速铁路的开通有效提升了小微企业的全要素生产率，这一结论在剔除大型城市等多种稳健性检验下依然成立。

进一步地，本章旨在深入分析高铁开通对于提升中小企业 TFP 的机制与异质性。具体而言，本章研究发现，高铁开通通过促进劳动力流动、改善研发投入配置效率等渠道，提升了小微企业的生产效率。此外，本章还发现高铁对小微企业的影响存在异质性，即不同类型的高铁站、不同竞争程度的行业中的小微企业从高铁开通中获得的生产效率改进程度存在差异。

本章的研究具有重要的理论和实践意义。首先，从理论上看，本章丰富了关于高铁与经济发展之间关系的研究，特别是从微观层面揭示了高铁对小微企业生产效率的影响机制。其次，在实践层面，本章的研究结论对于指导小微企业如何利用高铁带来的机遇、提升自身生产效率具有重要的指导意义。

综上所述，本书的研究不仅揭示了高铁对小微企业 TFP 的影响及其机制，还为政策制定者和企业提供了有价值的参考。在未来的发展中，应进一步关注高铁与小微企业之间的互动关系，充分发挥高铁在促进区域经济发展和企业转型升级中的重要作用。

5.2　高铁提升企业全要素生产率机制分析

5.2.1　高铁开通与要素投入量

为了探讨高铁开通对小微企业雇佣人数、研发费用和资金借款的影响，本章分别对这些变量进行了回归分析。表 5 - 1 汇报了小微企业的雇佣人数对数值、研发费用对数值和资金借款对数值的回归结果。其中，第（1）列、第（2）列和第（3）列汇报了高铁前一年开通的结果，第（4）、第（5）列和第（6）列汇报了高铁前两年开通的结果。总体来看，高铁开通能够显著提升企业的雇佣人数、研发投入和资金借款。但是，对于高铁开通是否改善了要素配置效率这一问题，还需要进一步的实证检验。

表 5 - 1　　渠道分析——雇佣人数、研发和借款

项目	(1)	(2)	(3)	(4)	(5)	(6)
	雇佣人数	研发投入	资金借款	雇佣人数	研发投入	资金借款
市高铁前一年开通	0.013**	0.032***	0.001			
	(0.005)	(0.008)	(0.001)			
市高铁两年前开通				0.021***	0.014	0.001**
				(0.005)	(0.009)	(0.000)

续表

项目	(1)	(2)	(3)	(4)	(5)	(6)
	雇佣人数	研发投入	资金借款	雇佣人数	研发投入	资金借款
资产收益率	0.002***	-0.000	-0.000***	0.002***	-0.000	-0.000***
	(0.000)	(0.000)	(0.000)	(0.000)	(0.000)	(0.000)
资产负债率	0.001***	-0.000**	0.000***	0.001***	-0.000*	0.001***
	(0.000)	(0.000)	(0.000)	(0.000)	(0.000)	(0.000)
资产对数	0.277***	0.021***	0.001***	0.277***	0.021***	0.001***
	(0.003)	(0.002)	(0.000)	(0.003)	(0.002)	(0.000)
地方债务对数	-0.282***	0.229***		-0.271***	0.247***	
	(0.029)	(0.040)		(0.029)	(0.041)	
地方居民储蓄对数	0.210***	-0.333***		0.198***	-0.348***	
	(0.029)	(0.051)		(0.029)	(0.052)	
地方 GDP 对数	-0.019***	0.020		-0.015***	0.021	
	(0.006)	(0.017)		(0.006)	(0.017)	
地方资产投资对数	-0.003	-0.027**		-0.003	-0.026**	
	(0.004)	(0.011)		(0.004)	(0.011)	
公司固定效应	控制	控制	控制	控制	控制	控制
时间固定效应	控制	控制	控制	控制	控制	控制
观测值	242220	242220	242220	242220	242220	242220
组内 R^2	0.003	0.001	0.002	0.003	0.001	0.002

注：*、**、*** 分别表示 10%、5% 和 1% 的显著性水平，所有回归的标准误在企业层面上聚类稳健。

根据第（1）列和第（2）列的回归结果，本章发现高速铁路开通一年后对小微企业的雇佣人数和研发投入都有显著的正向影响。如表 5-1 所示，高速铁路开通一年后使得小微企业的雇佣人数和研发投入相比于没有开通高铁城市的对照组企业分别多提升了 1.3% 和 3.2%，并在 5% 以上水平上显著。然而，本章还发现，高速铁路开通一年后对小微企业借款并没有产生显著影响。

类似地，本章还研究了高铁开通两年之后对雇佣人数、研发费用和资金借款所产生的影响。第（4）列和第（5）列的结果表明，高速铁路开通两年之后，对小微企业的雇佣人数依然产生显著正向的影响，会促使小微企业的雇佣人数相比于高铁开通之前多提升 2.1%，但对小微企业研发的影响却不再显著。同时，第（6）列的结果显示，高速铁路开通两年之后，对小微企业的借款产生了微弱的影响，小微企业的借款相比于之前提升了 0.1%，且在 5% 的水平上显著。

从以上的回归结果来看，高速铁路开通后，对小微企业的雇佣人数、研发费用均有显著拉动作用，但对企业借款的拉动作用较低。同时，高速铁路对于小微企业雇佣人数的影响时间较长，但是对于研发费用在中长期没有显著影响。高铁开通对小微企业研发影响持续时间较短可能是与小微企业的研发成本较高有关。整体而言，本节的结果显示高铁开通提升了小微企业的人力资本积累，还会在短期内促进企业增加研发投入，但是对企业借款的影响微弱。

5.2.2　高铁开通与劳动力流动

在之前的回归中，已经检验了高速铁路的开通对小微企业整体雇佣人数起到了促进效用，但劳动力的具体流向尚未可知。为了进一步检验高速铁路开通后劳动力在企业间流动的方向，本节对雇佣员工在高铁开通后在企业间的具体流向进行了检验。在此之前，本章按照 TFP 等分的原则，将现有样本中的小微企业分为初始低等 TFP 企业、初始中等 TFP 企业以及初始高等 TFP 企业。在此项检验中，本章重点关注初始中等 TFP 企业和初始高等 TFP 企业。

从表 5 - 2 的回归结果，本章发现高速铁路在开通一年后，初始中等 TFP 企业相比于初始低等 TFP 企业来说，雇佣人数显著多提升了 5.9%，初始高等 TFP 企业相比于初始低等 TFP 企业的雇佣人数显著多提升了 15.9%，说明初始 TFP 等级越高，在高铁开通一年后能够吸引更多劳动力。类似地，本章进一步研究了高速铁路开通第二年对小微企业雇佣人数的影响，回归结果显示在高速铁路开通两年后，初始中等 TFP 企业雇佣人数相比于初始低等 TFP 企业多增加了 7.9%，初始高等 TFP 企业雇佣人数相比初始低等 TFP 企业多提升了 17.6%。

表 5-2　　　　不同等级 TFP 企业对人力资本的敏感程度

项目	雇佣人数	雇佣人数
市级高铁开通第一年	0.042 ***	
	(0.009)	
初始中等 TFP 企业 × 高铁开通第一年	0.059 ***	
	(0.011)	
初始高等 TFP 企业 × 高铁开通第一年	0.159 ***	
	(0.012)	
市级高铁开通第二年		0.058 ***
		(0.009)
初始中等 TFP 企业 × 高铁开通第二年		0.079 ***
		(0.010)
初始高等 TFP 企业 × 高铁开通第二年		0.176 ***
		(0.011)
资产收益率	0.002 ***	0.002 ***
	(0.000)	(0.000)
资产负债率	0.001 ***	0.001 ***
	(0.000)	(0.000)
资产对数	0.276 ***	0.276 ***
	(0.004)	(0.004)
地方债务对数	-0.219 ***	-0.198 ***
	(0.029)	(0.029)
地方居民储蓄对数	0.149 ***	0.136 ***
	(0.029)	(0.028)
地方 GDP 对数	-0.005	-0.002
	(0.006)	(0.006)
地方资产投资对数	-0.006	-0.005
	(0.004)	(0.004)
公司固定效应	控制	控制
时间固定效应	控制	控制
观测值	242220	242220
组内 R^2	0.280	0.280

注：*、**、*** 分别表示 10%、5% 和 1% 的显著性水平，所有回归的标准误在企业层面上聚类稳健。

从上述的回归结果来看，高速铁路的开通促进了劳动力的流动，增加了小微企业的雇佣人数，并且初始 TFP 等级越高的企业在高铁开通后会更多的增加劳动力雇佣，说明劳动力在不同生产效率企业的配置情况在高铁开通后得到了改善。

5.2.3　高铁开通与科研投入配置效率

与其他交通工具不同的是，高铁以发送旅客、促进劳动力流动为要务，拉近了城市之间在空间和时间上的距离，能够进一步加快劳动力的流动速度并提高劳动力的配置效率，而在货物运输、资本流通等方面涉足甚少。因此，其开通直接影响劳动力成本，却很难直接影响其他要素，如科研投入配置的效率。

表 5 -3 展示了不同初始 TFP 水平的小微企业在高铁开通后研发投入的变化。本节结果表明，高速铁路的开通对初始高等 TFP 企业的研发投入产生了正向影响。如表 5 -3 显示，高速铁路开通一年后，初始中等 TFP 企业和初始高等 TFP 企业的研发投入相比初始低等 TFP 企业分别多提升了 5.5% 和 3.6%。初始高等 TFP 企业得到的研发投入增长虽然高于低等 TFP 企业，但是并没有显著高于中等 TFP 企业，说明高铁对研发投入配置效率有一定改善作用，但相对有限。值得注意的是，在高速铁路开通第二年，无论对初始低等 TFP 企业、初始中等 TFP 企业还是对初始高等 TFP 企业的研发均没有产生显著影响。具体而言，随着开通高速铁路在时间上延展，并没有促使小微企业对企业研发有更多的投入。这点与前文估计一致，说明高速铁路的开通对小微企业研发投入配置效率的影响是有限的，也是暂时的。

表 5 -3　　研发投入度影响分析

项目	研发投入	研发投入
市级高铁开通第一年	0.008	
	(0.011)	
初始中等 TFP 企业 × 高铁开通第一年	0.055***	
	(0.016)	

续表

项目	研发投入	研发投入
初始高等 TFP 企业×高铁开通第一年	0.036**	
	(0.017)	
市级高铁开通第二年		0.005
		(0.013)
初始中等 TFP 企业×高铁开通第二年		0.004
		(0.019)
初始高等 TFP 企业×高铁开通第二年		0.010
		(0.019)
资产收益率	-0.000	-0.000
	(0.000)	(0.000)
资产负债率	-0.000*	-0.000*
	(0.000)	(0.000)
资产对数	0.023***	0.023***
	(0.002)	(0.002)
地方债务对数	0.240***	0.244***
	(0.041)	(0.042)
地方居民储蓄对数	-0.339***	-0.344***
	(0.053)	(0.053)
地方 GDP 对数	0.019	0.022
	(0.017)	(0.017)
地方资产投资对数	-0.027**	-0.027**
	(0.011)	(0.011)
公司固定效应	控制	控制
时间固定效应	控制	控制
观测值	242220	242220
组内 R^2	0.001	0.001

注：*、**、***分别表示10%、5%和1%的显著性水平，所有回归的标准误在企业层面上聚类稳健。

从上述检验中可以发现，高速铁路的开通促进了小微企业雇佣人数的增加，改善了小微企业人力资本配置效率。进一步来看，随着雇佣劳动力的上升，小微企业改善了人力资本配置，进一步将资金投入到研发之中，从而提高了小微企业科研投入的配置效率，但是对研发投入的影响是短暂的，并不长久。

5.2.4　高铁对要素影响的异质性分析

为了进一步验证客流量对当地小微企业的影响，本节还检验了不同类型高铁站对当地小微企业的影响。众所周知，高铁站的设立对当地经济的拉动作用是显而易见的，但是高铁站在类型上差异巨大，而不同类型的高铁站对当地经济和企业的拉动作用亦不同。

本章将 2011—2015 年开通的高铁站按照所经过线路次数划分为枢纽站（两次及以上）和经过站。通过对比研究发现，枢纽站无论在高速铁路开通第一年还是高速铁路开通第二年，都对所经过城市小微企业雇佣人数产生了正向影响。从表 5－4 的第（1）列和第（2）列中可以发现，枢纽站在高速铁路开通第一年和开通第二年相比高速铁路开通之前，小微企业雇佣人数分别比开通之前提升了 2.9% 和 3.5%。同时，对比研究结果还发现，无论枢纽站还是经过站，在高速铁路开通的第一年对所经过城市的小微企业研发投入均产生了显著的正向影响，但在高速铁路开通的第二年对所处站点小微企业的研发投入均没有产生任何影响。从表 5－4 的第（3）列和第（4）列中可以发现，经过站和枢纽站在高速铁路开通第一年相比高速铁路开通之前小微企业研发分别提升了 3.1% 和 3.7%。

表 5－4　　高速铁路枢纽站影响分析

项目	（1）	（2）	（3）	（4）
	雇佣人数	雇佣人数	研发投入	研发投入
市级高铁第一次开通第一年（经过站）	0.010*		0.031***	
	(0.005)		(0，009)	
市级高铁第二次开通第一年（枢纽站）	0.029***		0.037***	
	(0.007)		(0，013)	
市级高铁第一次开通第二年（经过站）		0.029***		0.011
		(0.005)		(0.009)
市级高铁第二次开通第二年（枢纽站）		0.035***		0.084
		(0.007)		(0.015)

续表

项目	(1)	(2)	(3)	(4)
	雇佣人数	雇佣人数	研发投入	研发投入
资产收益率	0.002 ***	0.002 ***	-0.000	-0.000
	(0.000)	(0.000)	(0.000)	(0.000)
资产负债率	0.001 ***	0.001 ***	-0.000 *	-0.000 *
	(0.000)	(0.000)	(0.000)	(0.000)
资产对数	0.276 ***	0.276 ***	0.023 ***	0.022 ***
	(0.004)	(0.004)	(0.002)	(0.002)
地方债务对数	-0.217 ***	-0.212 ***	0.228 ***	0.149 ***
	(0.029)	(0.029)	(0.041)	(0.041)
地方居民储蓄对数	0.146 ***	0.146 ***	-0.331 ***	-0.217 ***
	(0.029)	(0.029)	(0.053)	(0.054)
地方 GDP 对数	-0.008	-0.005	0.022	0.022
	(0.006)	(0.006)	(0.017)	(0.017)
地方资产投资对数	-0.006	-0.006	-0.027 **	-0.026 **
	(0.004)	(0.004)	(0.011)	(0.011)
公司固定效应	控制	控制	控制	控制
时间固定效应	控制	控制	控制	控制
观测值	242220	242220	242220	242220
组内 R^2	0.003	0.003	0.001	0.001

注：*、**、*** 分别表示 10%、5% 和 1% 的显著性水平，所有回归的标准误在企业层面上聚类稳健。

根据上述研究不难发现，高速铁路开通对枢纽站小微企业的影响大于对经过站小微企业的影响。具体而言，由于枢纽站拥有更多条高铁线路、车次等方面的优势要远大于经过站，客流量也更大，由此带来的高客流对当地的影响也更加深远。实证结果从侧面印证了有足够客流量支撑的高铁站（枢纽站）能更好地促进当地小微企业雇佣人数的大幅度提升，从而进一步促进企业研发。

在先前的研究中，本章发现高速铁路的开通从整体上促进了小微企业的研发和雇佣人数。但值得注意的是，一个城市所处地理位置对于高速铁路开通的敏感性是不一致的。为了进一步验证高速铁路的开通对不同规模城市的小微企业的研发投入和雇佣人数所产生的影响，本节将不同城市按规模大小划分不同样本，分别进行研究。本章按照国家统计局制定的《中国城市分类标准》将中国大陆地区的城市按照人口数量划分为 100 万以下人口、100 万至 500 万人口、500 万至 1000 万人口及 1000 万以上人口四个等级，分别对应小规模城市、中等规模城市、大型城市以及超级城市。对各等级类型城市所包含的小微企业分别进行回归之后，本章得到了表 5－5 及表 5－6。

表 5－5　不同人口规模城市高铁开通后的研发及雇佣人数的回归结果

项目	100 万以下人口的城市		100 万至 500 万人口的城市	
	研发投入	雇佣人数	研发投入	雇佣人数
高速铁路开通第二年	0.339	－0.028	0.030**	0.031***
	(0.474)	(0.118)	(0.014)	(0.007)
资产收益率	0.000	0.001	0.000	0.002***
	(0.000)	(0.001)	(0.000)	(0.000)
资产负债率	－0.000	0.001**	－0.000**	0.001***
	(0.000)	(0.001)	(0.000)	(0.000)
资产对数	0.008	0.170***	0.018***	0.294***
	(0.007)	(0.037)	(0.002)	(0.006)
地方债务对数	－0.077	－0.179	0.080	－0.191***
	(0.151)	(0.163)	(0.057)	(0.044)
地方储蓄对数	0.256	0.139	－0.248***	0.036
	(0.226)	(0.283)	(0.072)	(0.037)
地方 GDP 对数	－0.065	0.675***	0.018	－0.011**
	(0.084)	(0.171)	(0.018)	(0.006)
地方资产投资对数	－0.087	－0.007	－0.034***	－0.004
	(0.069)	(0.062)	(0.012)	(0.004)
公司固定效应	控制	控制	控制	控制
时间固定效应	控制	控制	控制	控制
观测值	2010	2010	89180	89180
组内 R^2	0.005	0.148	0.001	0.327

注：*、**、*** 分别表示 10%、5% 和 1% 的显著性水平，所有回归的标准误在企业层面上聚类稳健。

从上述回归结果来看，高速铁路开通第二年对各等级城市的影响不尽相同。具体来说，高速铁路开通第二年，100 万以下人口城市，即小城市中的小微企业雇佣人数出现了下降，这说明此类城市中人口是净流出状态；同时，500 万至 1000 万人口的大型城市的雇佣人数并未有显著变化。与此相反，对 100 万至 500 万人口及 1000 万以上人口城市中的小微企业的雇佣人数均产生了正向影响，但具体拉动效应不尽相同。具体而言，1000 万以上人口的超级城市当中的小微企业受高铁开通的影响最大，在高速铁路开通第二年对当地小微企业雇佣人数的拉动相比高速铁路开通之前提升了 3.5%。有趣的是，高速铁路开通之后拉动效应次之的并非 500 万至 1000 万人口的大型城市，而是 100 万至 500 万人口的中型城市。在高速铁路开通后，100 万至 500 万人口的中型城市当地的小微企业的雇佣人数相比高速铁路开通之前提升了 3.1%。

表 5－6　不同人口规模城市高铁开通后的研发及雇佣人数的回归结果

项目	500 万至 1000 万人口的城市		1000 万以上人口的城市	
	研发投入	雇佣人数	研发投入	雇佣人数
高速铁路开通第二年	0.012	－0.000	0.144*	0.035**
	(0.012)	(0.008)	(0.076)	(0.014)
资产收益率	0.000	0.002***	－0.000*	0.001***
	(0.000)	(0.000)	(0.000)	(0.000)
资产负债率	－0.000	0.001***	－0.000	0.001***
	(0.000)	(0.000)	(0.000)	(0.000)
资产对数	0.017***	0.279***	0.038***	0.244***
	(0.003)	(0.006)	(0.006)	(0.008)
地方债务对数	0.128	－0.363***	－0.356	0.411
	(0.078)	(0.059)	(0.236)	(0.280)
地方储蓄对数	－0.180	0.383***	－0.544***	0.619***
	(0.137)	(0.080)	(0.144)	(0.199)
地方 GDP 对数	0.158	0.169**	1.001***	1.105***
	(0.111)	(0.073)	(0.279)	(0.416)
地方资产投资对数	0.001	－0.095***	0.055	－0.050
	(0.034)	(0.024)	(0.037)	(0.064)

续表

项目	500 万至 1000 万人口的城市		1000 万以上人口的城市	
	研发投入	雇佣人数	研发投入	雇佣人数
公司固定效应	控制	控制	控制	控制
时间固定效应	控制	控制	控制	控制
观测值	94473	94473	49210	49210
组内 R^2	0.069	0.302	0.002	0.043

注：*、**、*** 分别表示 10%、5% 和 1% 的显著性水平，所有回归的标准误在企业层面上聚类稳健。

从上述回归结果来看，高速铁路的开通进一步加剧了劳动力由小城市向超级城市的流动。同时，结合之前对大中城市的小微企业 TFP 的研究结果来看同样说明了高速铁路开通的促进作用非常明显，并且在增长方向上存在一致性，也从另一个方面证明了高速铁路的开通对劳动力产生了“虹吸效应”。但值得注意的一点是，小城市人口的流动并非是跨区域的大规模流动，而是在高速铁路开通后，进一步流向了小城市周边的中型城市。

5.3　高铁提升企业全要素生产率异质性分析

5.3.1　高速铁路枢纽站分析

通过前文分析可知，不同类型的高铁对小微企业要素投入、配置等的影响是不同的，且客流量对当地小微企业的影响存在显著的异质性。这部分按照枢纽站（两次及以上）和经过站，分别研究了这两种类型的高铁站开通一年和两年后对小微企业全要素生产率的影响，估计结果见表 5 - 7。通过对比研究发现，无论枢纽站还是经过站，在高速铁路开通第一年对所经过城市的 TFP 都没有产生任何影响。此外，表 5 - 7 显示，枢纽站和经过站在高速铁路开通第二年均产生了显著的正向影响，其中经过站和枢纽站在高速铁路开通第二年相比高速铁路开通之前对小微企业 TFP 的拉动分别为 0.038 个单位和 0.050 个单位。

表 5－7　　　　高速铁路枢纽站对小微企业 TFP 的影响

项目	TFP	TFP
市级高铁第一次开通第一年（经过站）	－0.011	
	(0.017)	
市级高铁第二次开通第一年（枢纽站）	0.006	
	(0.023)	
市级高铁第一次开通第二年（经过站）		0.038***
		(0.014)
市级高铁第二次开通第二年（枢纽站）		0.050***
		(0.021)
资产收益率	0.001***	0.001***
	(0.000)	(0.000)
资产负债率	－0.001***	－0.001***
	(0.000)	(0.000)
资产对数	－0.343***	－0.343***
	(0.006)	(0.006)
地方债务对数	－0.151*	－0.136
	(0.086)	(0.087)
地方居民储蓄对数	0.422***	0.402***
	(0.077)	(0.079)
地方 GDP 对数	0.032*	0.039**
	(0.016)	(0.016)
地方资产投资对数	0.035**	0.036**
	(0.016)	(0.016)
公司固定效应	控制	控制
时间固定效应	控制	控制
观测值	242220	242220
组内 R^2	0.064	0.064

注：*、**、*** 分别表示 10%、5% 和 1% 的显著性水平，所有回归的标准误在企业层面上聚类稳健。

根据上述研究不难发现，高速铁路开通第二年对枢纽站小微企业的影响大于对经过站小微企业的影响。具体而言，由于枢纽站在开通高铁的线路、车次等方面的优势要远大于经过站，因此带来的客流更大，对当地经济的影响也更为显著。相关实证结果也从侧面印证了有足够客流量支撑的高铁站（枢纽站），能更好地促进当地小微企业 TFP 的大幅度提升。

5.3.2　不同行业竞争度分析

在不同竞争程度的行业中，小微企业可以从高铁开通中获得的生产效率改进程度可能存在差异。在这部分，本节使用全国税收调查数据中全样本数据，对所有被调查的企业，依据其营业收入计算了每个行业在每年的赫芬达尔指数（HHI）。[①] HHI 越大，表示市场集中程度越高，垄断程度越高。本章依据 HHI 指数从低至高将企业分为高竞争型企业、中等竞争型企业和垄断型企业三类，并依次检验高铁开通对这三类企业 TFP 的影响，结果汇报在表 5－8 中。

表 5－8　对不同市场竞争度小微企业的全要素生产率的影响

	因变量：小微企业的全要素生产率（TFP）		
	(1)	(2)	(3)
行业竞争度	高竞争型企业	中等竞争型企业	垄断型企业
市高铁两年前开通	0.037**	0.048	0.039
	(0.014)	(0.049)	(0.297)
资产收益率	0.001***	0.001	0.004
	(0.000)	(0.001)	(0.005)
资产负债率	−0.001***	−0.001	−0.004
	(0.000)	(0.001)	(0.004)
资产对数	−0.342***	−0.412***	−0.625***
	(0.007)	(0.017)	(0.077)
地方债务对数	−0.146	−0.412	−1.660
	(0.091)	(0.263)	(2.103)

① 一般文献计算行业 HHI 指数大多使用上市公司的数据，由于非上市公司也参与市场竞争，所以基于上市公司的 HHI 虽广泛使用，但存在严重偏差，故很多文献使用工业企业数据库来修正这一问题，该数据库涵盖了行业内大量非上市公司（每年 20 万～30 万家企业），涵盖范围广，从而更加合理。本书使用的全国税收调查数据每年的企业抽样样本大约为 70 万家，覆盖了所有的行业，相比工业企业数据库，全国税收调查数据的调查对象既包括不同规模的制造业企业，也包括个体经营者及小规模的服务业企业，调查范围更加广泛，所以以此计算的 HHI 指数也更加合理。

续表

	因变量：小微企业的全要素生产率（TFP）		
	(1)	(2)	(3)
行业竞争度	高竞争型企业	中等竞争型企业	垄断型企业
地方居民储蓄对数	0.419***	0.644**	1.256
	(0.082)	(0.257)	(1.712)
地方 GDP 对数	0.046***	0.042	-0.910
	(0.017)	(0.110)	(2.346)
地方资产投资对数	0.012	0.162**	1.120
	(0.013)	(0.074)	(0.912)
公司固定效应	控制	控制	控制
时间固定效应	控制	控制	控制
观测值	215739	18994	678
组内 R^2	0.065	0.103	0.170

注：*、**、*** 分别表示 10%、5% 和 1% 的显著性水平，所有回归的标准误在企业层面上聚类稳健。

从表 5－8 的回归结果可以看到，相对于中等竞争型企业和垄断型企业来说，高铁开通对高竞争性企业生产效率的正向影响比较显著。具体地，高速铁路开通两年之后高竞争性小微企业的 TFP 相比没有开通高铁城市的对照组企业提升了 0.037 个单位，但对中等竞争性企业和垄断性企业没有产生明显的影响。

5.3.3 不同纳税人所有制类型分析

中国 1978 年改革开放之后，中国大陆地区的企业从主要以公有制为主体的国有企业，转变为以公有制为主、多种所有制共同发展，内外资并存的企业形式。改革开放之后，随着外资企业在中国的不断发展壮大，其在国民经济中所占的比例也不断提高，为中国经济的发展和腾飞作出了巨大的贡献。为了进一步考察高速铁路开通对不同所有制企业（即不同纳税人登记注册类型）的生产效率所产生的影响，本节将数据中小微企业统计并划分为国有企业[①]共计 16073 家，外资企业[②]共计 40429 家，以及民营企业[③]共计 182163 家。随后，本章按照不同所有制样本重新进行了回归，结果如表 5 -9 所示。

表 5 -9　对不同纳税人注册类型小微企业的全要素生产率的影响

	因变量：小微企业的全要素生产率（TFP）		
	(1)	(2)	(3)
纳税人注册类型	国有企业	外资企业	民营企业
市高铁两年前开通	-0.023	0.051**	0.051***
	(0.063)	(0.023)	(0.017)
资产收益率	-0.001**	0.001***	0.003***
	(0.001)	(0.000)	(0.000)
资产负债率	-0.001*	-0.002***	-0.001***
	(0.001)	(0.000)	(0.000)
资产对数	-0.502***	-0.464***	-0.229***
	(0.011)	(0.011)	(0.011)
地方债务对数	-0.239	0.112	-0.231**
	(0.281)	(0.131)	(0.106)
地方居民储蓄对数	0.437	0.135	0.525***
	(0.293)	(0.114)	(0.098)
地方 GDP 对数	-0.078	-0.002	0.062***
	(0.086)	(0.028)	(0.019)
地方资产投资对数	-0.021	-0.015	0.059***
	(0.016)	(0.014)	(0.021)
公司固定效应	控制	控制	控制
时间固定效应	控制	控制	控制
观测值	16073	40429	182163
组内 R^2	0.339	0.217	0.023

注：*、**、*** 分别表示 10%、5% 和 1% 的显著性水平，所有回归的标准误在企业层面上聚类稳健。

① 国有企业包含：集体企业、股份合作企业、联营企业等。
② 外资企业包含：外商投资企业，港、澳、台商投资企业等。
③ 民营企业包含：民营独资企业、民营合伙企业、民营有限责任公司、民营股份有限公司等。

回归结果显示，高速铁路的开通对民营企业和外资企业的全要素生产率起到了显著的促进作用。民营企业和外资企业在高速铁路开通后，全要素生产率相比于没有开通高速铁路城市的同类型企业提升了0.051个单位，这说明交通基础设施的改善对民营企业和外资企业的全要素生产率发挥了重要作用。然而，对于国有企业而言，高铁开通对其生产效率并没有显著的改善作用。因此，高速铁路的开通对民营和外资小微企业的影响远大于国有小微企业。

5.3.4 不同人口规模城市分析

先前的研究证实了高速铁路的开通从整体上促进了小微企业的TFP。然而，一个城市所处地理位置使得当地的小微企业对于高速铁路开通的敏感性是不一致的。为了进一步验证高速铁路的开通对不同规模城市中的小微企业所产生的影响，本节将不同城市按规模大小划分不同样本，分别进行了研究。参照前文，分别将小微企业所在城市划分为小规模城市、中等规模城市、大型城市以及超级城市，并分别对各等级类型城市所包含的小微企业进行回归，得到了表5－10A和表5－10B。

表5－10A　不同人口规模城市高铁开通后TFP回归结果

项目	100万以上人口的城市	100万至500万人口的城市
	TFP	TFP
高速铁路开通第二年	－0.169	0.049**
	(0.209)	(0.021)
资产收益率	－0.001	0.002***
	(0.003)	(0.000)
资产负债率	－0.001	－0.002***
	(0.002)	(0.000)
资产对数	－0.310***	－0.361***
	(0.085)	(0.010)
地方债务对数	0.464	－0.055
	(0.468)	(0.150)
地方居民储蓄对数	－0.735	0.352***
	(0.801)	(0.111)

续表

项目	100 万以上人口的城市	100 万至 500 万人口的城市
	TFP	TFP
地方 GDP 对数	-0.729	0.003
	(0.700)	(0.017)
地方资产投资对数	-0.072	0.030*
	(0.182)	(0.017)
公司固定效应	控制	控制
时间固定效应	控制	控制
观测值	2010	89180
组内 R^2	0.047	0.069

注：*、**、*** 分别表示 10%、5% 和 1% 的显著性水平，所有回归的标准误在企业层面上聚类稳健。

从上述回归结果来看，高速铁路开通第二年对各等级城市的影响不尽相同。具体来说，高速铁路开通第二年，100 万以下人口城市，即小城市当中的小微企业的 TFP 出现了负向影响。与此相反，100 万至 500 万人口、500 万至 1000 万人口及 1000 万以上人口城市中的小微企业的 TFP 均产生了正向影响，但具体拉动效应存在较大差异。具体而言，1000 万以上人口的超级城市中的小微企业受高铁开通的影响最大，在高速铁路开通第二年对 TFP 的拉动相比高速铁路开通之前提升了 0.12 个单位。有趣的是，高速铁路开通之后拉动效应次之的并非 500 万至 1000 万人口的大城市，而是 100 万至 500 万人口的中型城市。结果显示，在高速铁路开通后，100 万至 500 万人口的中型城市中的小微企业的全要素生产率相比之前提升了 0.049 个单位。

表 5-10B　不同人口规模城市高铁开通后的 TFP 的回归结果

项目	500 万至 1000 万人口的城市	1000 万以上人口的城市
	TFP	TFP
高速铁路开通第二年	0.017	0.120***
	(0.022)	(0.033)
资产收益率	0.001***	0.002***
	(0.000)	(0.000)

续表

项目	500 万至 1000 万人口的城市	1000 万以上人口的城市
	TFP	TFP
资产负债率	-0.001 ***	-0.001
	(0.000)	(0.000)
资产对数	-0.367 ***	-0.258 ***
	(0.010)	(0.016)
地方债务对数	-0.355 **	0.411
	(0.156)	(0.280)
地方居民储蓄对数	0.401 *	0.619 ***
	(0.227)	(0.199)
地方 GDP 对数	0.764 ***	1.105 ***
	(0.222)	(0.416)
地方资产投资对数	0.168 **	-0.050
	(0.071)	(0.064)
公司固定效应	控制	控制
时间固定效应	控制	控制
观测值	94473	49210
组内 R^2	0.072	0.043

注：*、**、*** 分别表示 10%、5% 和 1% 的显著性水平，所有回归的标准误在企业层面上聚类稳健。

从上述回归结果来看，高速铁路的开通进一步促进了大中型城市小微企业 TFP。但值得注意的一点是，高速铁路开通对超级城市和中规模城市小微企业的 TFP 的促进作用明显强于对大型城市和小规模城市小微企业的 TFP 的促进作用。

5.3.5 不同地域小微企业分析

为探讨不同地区的小微企业受到高铁开通的异质性影响，本节按照国家统计局对区域经济的划分标准，明确了小微企业在东、中、西部的归属划分。根据纳税人识别号对税收调查数据中的公司进行地区划分之后，得到了属于中部地区的小微企业 25280 家，属于西部地区的小微企业 56080 家，以及属于东部地区的小微企业 160860 家。具体的划分标准如下：东部地区一共13个省（市），包括黑龙江、吉林、辽宁、河北、天津、北京、山东、江苏、上海、浙江、福建、广东、海南。中部地区一共6个省份，包括山西、河南、江西、湖南、湖北、安徽。西部地区一共12个省（区、市），包括广西、四川、贵州、云南、陕西、甘肃、宁夏、青海、新疆、西藏、内蒙古、重庆。

本书分别将三个样本中小微企业的全要素生产率对高铁前两年开通的变量进行回归，同样控制企业特征、城市特征、时间固定效应和企业固定效应，得到的回归结果见表5－11。

表5－11　对东、中、西部地区小微企业全要素生产率的影响

	因变量：小微企业的全要素生产率（TFP）		
	（1）	（2）	（3）
区域划分	中部	西部	东部
市高铁两年前开通	－0.222***	0.138***	0.052***
	（0.062）	（0.037）	（0.018）
资产收益率	－0.001	0.001***	0.002***
	（0.001）	（0.000）	（0.000）
资产负债率	－0.001	－0.001**	－0.001***
	（0.001）	（0.000）	（0.000）
资产对数	－0.422***	－0.334***	－0.373***
	（0.014）	（0.013）	（0.009）
地方债务对数	－0.505**	－0.540**	0.209
	（0.221）	（0.217）	（0.135）
地方居民储蓄对数	0.950**	0.370	－0.028
	（0.391）	（0.258）	（0.109）
地方GDP对数	0.823**	0.942***	0.021
	（0.404）	（0.222）	（0.017）
地方资产投资对数	0.033*	－0.038	0.168***
	（0.019）	（0.040）	（0.056）
公司固定效应	控制	控制	控制
时间固定效应	控制	控制	控制
观测值	25280	56080	160860
组内 R^2	0.017	0.068	0.059

注：*、**、***分别表示10%、5%和1%的显著性水平，所有回归的标准误在企业层面上聚类稳健。

从回归结果来看，在高速铁路开通两年之后，对不同区域小微企业的影响存在显著差异。具体来说，高速铁路开通两年之后，对西部地区小微企业的影响颇为显著，使西部地区开通高铁城市的小微企业 TFP 相较于该地区没有开通高铁城市的对照组企业多增加了 0.138 个单位。同时，高铁开通使东部地区小微企业的 TFP 相对增加了 0.052 个单位。与此形成明显对比的是，高铁开通对中部地区小微企业产生了负向影响，即相比于没有开通高铁城市的对照组企业，反而下降了 0.222 个单位。

以上回归结果表明，高速铁路的开通对中部地区小微企业全要素生产率有显著的负向影响，对西部和东部地区小微企业全要素生产率有显著的正向影响，且对西部地区的小微企业影响更加明显。

此外，为了探究中部地区受到负向影响的原因，本部分还对中部的省份分别进行了基准回归，结果如表 5－12 所示。结果表明，主要是安徽省和江西省的小微企业 TFP 受到了高铁开通的显著负向影响，这两个省份均有开通线路单一、站点偏少的特点，这可能是其受到负向影响的因素之一。

表 5－12　　　　中部省份的回归结果

	小微企业全要素生产率（TFP）				
	（1）	（2）	（3）	（4）	（5）
地区	安徽省	江西省	河南省	湖北省	湖南省
高铁开通前两年	－0.287*	－0.412***	－0.101	－0.176	－0.173
	(0.165)	(0.139)	(0.125)	(0.170)	(0.326)
资产收益率	－0.001	0.001	0.000	－0.000	0.001
	(0.001)	(0.001)	(0.001)	(0.001)	(0.001)
资产负债率	－0.000	－0.000	0.004**	－0.001	－0.003*
	(0.001)	(0.001)	(0.002)	(0.002)	(0.002)
资产对数	－0.497***	－0.192***	－0.499***	－0.391***	－0.507***
	(0.024)	(0.038)	(0.033)	(0.048)	(0.023)
地方债务对数	－0.089	－1.737	－1.513	3.059**	－1.298
	(0.315)	(1.328)	(0.930)	(1.444)	(0.978)
地方居民储蓄对数	0.486	－0.361	－0.300	－3.859*	－0.365
	(0.785)	(1.839)	(1.810)	(2.015)	(1.176)

续表

	小微企业全要素生产率（TFP）				
	(1)	(2)	(3)	(4)	(5)
地区	安徽省	江西省	河南省	湖北省	湖南省
地方 GDP 对数	0.388	-2.933	0.575	2.029	3.196
	(0.632)	(2.850)	(1.673)	(1.787)	(2.374)
地方资产投资对数	0.032*	2.527*	0.887	0.456	0.405
	(0.019)	(1.329)	(1.326)	(0.623)	(1.226)
企业固定效应	控制	控制	控制	控制	控制
时间固定效应	控制	控制	控制	控制	控制
观测值	4010	5740	4360	3110	5050
组内 R^2	0.257	0.0215	0.141	0.0842	0.247

注：*、**、*** 分别表示 10%、5% 和 1% 的显著性水平，所有回归的标准误在企业层面上聚类稳健。

5.4　小结

本章基于 2011—2015 年全国税收调查数据，采用双重差分方法，考察了高速铁路的修建和开通对当地小微企业生产效率的作用机制与异质性。结合第 4 章与第 5 章的研究可以发现，高速铁路的建设不仅缩短了城市间的时空距离，更在深层次上重塑了区域经济的格局。对于沿线的小微企业而言，高速铁路的开通意味着市场范围的扩大、要素流动的加速以及信息交流的便捷。这些变化直接影响了小微企业全要素生产率，推动其增加劳动力雇佣、提升研发投入，并在一定程度上促进了企业的借款活动。

值得注意的是，这种影响并非是一蹴而就的，而是存在着一定的时滞性。这意味着，高速铁路的建设和运营需要经过一段时间，才能充分发挥其对小微企业的促进作用。此外，这种影响还表现出明显的地区和行业异质性。例如，西部地区的小微企业由于历史原因和地理位置的限制，在高速铁路开通后受益尤为显著；而高竞争型行业的小微企业则因为市场的快速变化，更需要高速铁路带来的高效运输和信息流通。因此，本章的结论有着较强的政策意义——高速铁路的建设和开通对沿线小微企业的全要素生产率、劳动力雇佣、研发投入产生了巨大的推动作用，但对企业借款的影响并不显著。虽然在短期内，高速铁路的建设会增加地方政府的财政压力，但其经济效益将在较长期内逐步体现，这也进一步解释了市、县两级政府，特别是县级政府，对于高速铁路沿线的走向及车站的坐落位置如此重视的原因。

以上结论有助于政策制定者准确地从企业、劳动力和产业发展的角度理解高速铁路的贡献，尤其是对高速铁路建设欠发达的国家和地区的政策制定有一定的启示作用。一方面，高速铁路的建设对企业的发展具有积极的推动作用。因此，政府应该继续合理规划和发展高速铁路，提高高速铁路的覆盖范围，加速高速铁路的区域化建设和一体化进程。换言之，本章的研究对于政府下一阶段的高速铁路的建设有着重要的参考和借鉴价值。另一方面，小微企业也要积极适应高速铁路通车之后所带来的政策和市场的变化，发挥其“船小好调头”的优势，不断调整自身发展战略，加快企业转型之路，并充分利用高速铁路所带来的优势，让企业在新的市场环境下取得新的成就。具体地，本书提出如下四条政策建议。

第一，加大交通基础设施建设投入，优化网络布局。政府应继续加大对高速铁路建设的投入力度，特别是在欠发达地区和中小城市。通过优化高速铁路网络布局，可以更好地连接不同区域的市场和资源，为中小企业的发展提供更为广阔的舞台。同时，要注重高速铁路与其他交通方式的衔接和配合，以期形成高效、便捷的综合交通运输体系。此外，在规划和实施基础设施项目时，必须谨慎确保这些项目与当地的经济发展情况相协调。过度或不适当的基础设施投资可能会导致资源浪费、债务累积以及社会经济效益不佳等问题。因此，在决定基础设施投资规模和类型之前，应对当地经济进行全面评估。这包括考察和分析当地的经济增长率、产业结构、就业情况、市场需求以及财政状况等因素。通过深入了解当地经济的实际情况，以确保基础设施投资与经济发展的需求和潜力相匹配。

第二，完善高速铁路沿线产业配套政策。在高速铁路建设过程中，应充分考虑沿线地区的产业发展需求和特点，制定相应的产业配套政策。例如，可以在高速铁路站点周边规划建设产业园区、物流中心等，为中小企业提供便利、集中的生产要素和市场服务。此外，还可以通过税收减免、资金扶持等措施鼓励中小企业在高速铁路沿线地区投资兴业。

第三，加强信息化建设，提升服务效率。高速铁路的建设和运营离不开信息化技术的支撑。为此，政府应加强与高速铁路相关的信息化建设，提升其服务效率和管理水平。例如，可以建立高速铁路沿线的信息共享平台，为中小企业提供实时的市场信息、政策解读等服务。同时，要持续推动高速铁路与其他交通方式的智能化融合，提高整体运输效率和服务质量。

第四，引导中小企业适应高速铁路带来的市场变化。高速铁路的开通将带来市场的快速变化和竞争的加剧。在这一过程中，政府应引导中小企业积极适应这一变化，及时调整自身的发展战略和业务模式。例如，可以鼓励中小企业利用高速铁路带来的便捷交通和信息流通优势，拓展市场范围、创新产品服务、提升品牌影响力等。同时，要不断加强对中小企业的培训和指导，提高其市场竞争力和抗风险能力。

综上所述，高速铁路作为现代交通基础设施的重要组成部分，对中小企业的发展产生了深远的影响。通过加大建设投入、优化网络布局、完善产业配套政策、加强信息化建设以及引导中小企业适应市场变化等相关措施的实施，我们可以更好地发挥高速铁路在促进中小企业发展中的积极作用，进而推动区域经济的持续健康发展。

第6章 高速铁路开通对小微企业出口的影响研究

6.1 引言

中国自加入世界贸易组织以后，出口规模不断扩大。2009年，中国超越其他国家，成为全球第一大的贸易出口国。到了2020年，进出口总额达到32.16万亿元，其中出口额为17.93万亿元①。出口作为拉动中国经济的“三驾马车”之一，对中国经济发展起着至关重要的作用。根据2018年国家统计局统计的数据，小微企业法人已经超过3000万户，占全部市场主体的90%以上，并贡献了50%以上的出口。可见，分析对小微企业出口的影响因素对于中国经济高质量发展有着十分重要的意义。

中国的铁路基础建设对打通中国企业的出口渠道起到了重要作用。中国铁路建设在经历了1997年大提速之后迎来了大规模高速发展时期。从2008年京津城际铁路建成开始，至2019年，基本形成了“八横八纵”的铁路网络格局。此时高速铁路运营通车的里程数达到2.9万公里，约占全球高铁运营总里程的2/3，并且成为全球运营速度最快、通车里程最长、规模最大的高铁网络。中国政府高度重视高铁的建设，习近平总书记也多次在公开场合发表讲话，强调高铁在中国社会经济发展过程中的重要地位，并将其当作国家名片向各国政要展示，并在2019年12月底对“京张

① 数据来源：国家统计局。

高铁”的开通运营作出了重要的指示。此外，“十四五”发展规划继续要求进一步完善国家铁路网，特别是高速铁路网的建设，并计划于 2030 年建成“16 纵 16 横”的高铁格局。在此背景下，准确、客观地把握高速铁路对小微企业出口的影响具有十分重要的意义。

从理论上看，交通基础设施的改善从两方面促进企业的出口：首先，降低了企业在出口过程中产生的运输成本，降低了企业的不确定性和可能的风险，从而促使更多的企业增加了对外出口。其次，完善的交通网络可以减少企业的可变成本，使企业能够及时调整库存，降低采购和库存的成本，提高了企业生产效率，从而有助于扩大企业的对外出口规模。现有的国外研究显示，交通基础设施的水平和贸易流量之间存在正向的关系，交通基础设施完善对本区域出口产生正向影响，进一步促进了贸易的发展（Bougheas et al.，1999；Fujimura & Edmonds，2006；Stone & Strutt，2009）。国内的研究也表明，交通基础设施的建设显著降低了运输成本，促进了出口贸易的发展（亢梅玲和马丹，2017），并且还推动了中国企业出口结构的转变（王永进和黄青，2017）。

实证结果同样证实了交通基础设施的改善对企业的出口具有促进作用。Francois 和 Manchin（2007）的实证分析结果显示，完善的交通基础设施可以明显增加双边的出口规模，还能提高企业出口的概率。国内的研究同样印证了上述结果。例如，盛丹等（2011）经过实证分析，发现交通基础设施的完善提高了内资企业的出口规模。白重恩和冀东星（2018）的研究结果表明交通基础设施能显著增加出口额的增长率。张支南和巫俊（2019）研究发现，国与国之间的交通基础设施的完善能够提高两国间的进出口贸易水平。

本章利用 2011—2015 年的财政部全国企业税收调查数据，使用双重差分方法来实证分析高速铁路的开通对于当地的小微企业出口规模的影响。研究显示，高铁的开通总体上提高了小微企业的出口，并且其对于东部地区、长三角城市群、珠三角城市群、中原城市群的小微企业来说，提高得更多，进一步地，对于高初始出口水平和外资企业的拉动作用更为明显。同时，高速铁路的开通对小微企业出口的影响存在明显的滞后性，不过出口拉动作用不是持续存在的，企业长期的出口发展不能仅仅依赖于交通基建的改善。

与既有文献相比，本研究的主要创新之处体现在：第一，在研究主题上，不同于唐宜红等（2019）关于开通高铁对规模以上企业出口的影响，张梦婷等（2018）对城市层面的出口影响，本章以中国高铁数据和小微企业数据为支撑，关注开通高铁对小微企业层面的出口的影响，进一步丰富了相关研究，研究结论对政策制定者如何协调区域间和区域内发展具有一定的启示意义。第二，本研究分析了高速铁路开通对不同区域小微企业的影响，其中包括开通铁路对边境及非边境省份小微企业的影响，以及对不同城市群小微企业的影响，这些发现进一步证明了开通高铁对区域经济发展的重要性。

6.2 实证设计

6.2.1 理论分析

现阶段的研究主要分析了基础设施特别是交通基础设施对地区间贸易、上市企业及规模以上工业企业出口的影响，而对小微企业并没有相关研究。因此，研究高速铁路的开通对沿线小微企业的出口影响显得很有意义。综上，本章提出假设 1。

假设 1：高速铁路的开通会促进当地小微企业的出口增长。

20 世纪 70 年代中期，随着中国逐步推进改革开放，中国强大的生产能力得以释放。随着时间的推移，出口逐渐成为拉动中国经济的重要支柱之一。同时，基础设施的建设特别是交通基础设施的建设对当地企业的出口行为存在着巨大的拉动作用。但由于中国经济发展的不平衡，导致各地区企业的出口情况也不尽相同。陈勇兵等（2012）基于海关数据和工业企业数据库，分析了现阶段中国企业出口的持续时间，研究得出中国企业出口持续时间的中位值为 3 年。并且发现出口企业存在着地域差异，呈现出东部地区多于中部及西部地区，南部地区多于北部地区的现象。祝树金和李思敏（2020）基于中国海关数据和工业企业数据库，分析发现高速铁路的开通促进了企业创新，同时降低了企业成本，从而提升了企业出口产品的质量。特别是在东部地区，高铁对企业出口的质量和数量影响更为显著。Xu（2014）通过 2000 年中国西部铁路大提速这一外生事件，分析了中国西部地区企业出口情况，研究表明随着铁路速度的提高，中国西部地区对中亚地区的出口增加，并且随着铁路提速里程的加长，其对出口的拉动作用也越大。

以上这些研究均显示，高速铁路的开通会促进当地企业增加出口，并且随着地域的不同其对出口的影响差异巨大。交通基础设施的不断改善特别是高速铁路的开通，会对高速铁路沿线城市的企业出口产生怎样的影响成为需要研究的课题。特别是在中国的边境省份，其在高铁建设前已存在既定贸易模式，这些地区的企业出口是否会受到高铁开通的影响也是重要的研究问题。综上，本章提出假设 2 和假设 3。

假设 2：高速铁路的开通对东部小微企业出口的提升作用大于对西部小微企业出口的提升作用。

假设 3：高速铁路的开通对内陆边境省份小微企业出口的促进作用小于对非内陆边境省份小微企业出口的促进作用。

企业所有制结构是影响中国经济发展的重要因素之一，这也体现在企业性质对企业出口的影响上。江小涓（2002）认为，外资企业优化了中国出口结构，提高了中国出口水平。唐宜红和林发勤（2009）认为，东部企业以及外商投资企业出口比较容易。另外，从产业分类的角度看，在一些资本密集型的企业中，如果资本劳动比越高，则企业出口也相应越高。赵伟和赵金亮（2011）指出，企业规模及性质对企业出口有着明显的正向影响，但是出口的提高却并没有增加员工的工资。盛丹等（2011）使用 Heckman 模型，基于中国数据，发现大规模的交通基础设施建设和完善，降低了企业运输的成本，也就降低了企业的出口成本，通过减少企业风险及不确定性，使更多的企业选择了出口。而且这种影响大多表现为“扩展边际”，而非“集约边际”。陈勇兵等（2012）认为，东部地区企业出口持续时间显著高于中西部，并且私营企业和“三资”企业的出口持续时间明显长于国有企业和集体企业。根据以上研究，本章提出假设 4。

假设 4：高速铁路的开通对外资小微企业出口的拉动作用大于对内资

小微企业出口的拉动作用。

6.2.2 数据来源

本章使用的企业微观数据是取自2011—2015年的全国税收调查数据，该数据库平均每年调查企业65万家，涵盖所有行业①。调查数据包含企业的特征数据和企业财务数据，以及企业涉及的相关税种的详细数据。此外，本章的地方经济相关数据来源是国泰安数据库。

为了进一步区分出原始数据中的行业和企业规模，本章采取了以下几个步骤对数据进行了整理和分类。首先，调整了企业所属的行业。在处理数据的过程中，本章发现行业代码的执行标准在不同年份有所不同。为此，本章根据2011年国家统计局颁布的行业分类标准，对企业行业代码进行了统一处理。其次，识别小微企业范围。本章使用的小微企业范围是依据2011年发布的《中小企业划型标准规定》中关于小型企业和微型企业的划分标准，以此识别小微企业范围。最后，为确保数据的合理性、有效性及应用性，本章对数据进行了下列主要清理工作：首先，删除负增加值、缺失数据、无资本、无总资产以及税收中的负值样本；其次，遇到某些税收数据缺失时，本章将该数值假设为0。具体来说，没有填写相应税收情况的税种，本章默认该项税收没有进行收取。最终得到50565个观测值。具体变量的描述统计详见表6-1。

表6-1　　描述性统计

	观测值	均值	标准差	最小值	P1	中位数	P99	最大值
出口金额对数	50565	7.65	3.87	0.00	0.00	8.95	12.88	12.88
市高铁前一年开通	50565	0.81	0.39	0.00	0.00	1.00	1.00	1.00
资产收益率	50565	0.02	0.13	-0.56	-0.56	0.06	0.58	0.58

① 包含：农、林、牧、渔业，采矿业，制造业，电力、热力、燃气及水生产和供应业，建筑业，批发和零售业，交通运输、仓储和邮政业，住宿和餐饮业，信息传输、软件和信息技术服务业，金融业，房地产业，租赁和商务服务业，科学研究和技术服务业，水利、环境和公共设施管理业，居民服务、修理和其他服务业，教育，卫生和社会工作，文化、体育和娱乐业，公共管理、社会保障和社会组织，国际组织。

续表

	观测值	均值	标准差	最小值	P1	中位数	P99	最大值
资产负债率	50565	0.62	0.38	0.00	0.00	0.64	2.23	2.23
资产对数	50565	10.26	1.79	5.45	5.45	10.24	14.92	14.92
地方债务对数	50565	18.16	1.34	14.81	14.81	18.40	20.10	20.10
地方居民储蓄对数	50565	18.53	1.35	15.38	15.38	18.57	20.76	20.76
地方 GDP 对数	50565	8.77	1.00	6.14	6.14	8.94	10.13	10.13
地方资产投资对数	50565	16.00	1.10	13.68	13.68	16.00	17.94	17.94

注：地方相关统计指标的单位为亿元。

通过描述性统计可以看到，企业所在城市中，81%的城市在一年前已开通高铁，表明 2011—2015 年中国大部分城市都已经开通了高铁。出口金额的对数值为 7.65，表明企业有一定出口规模。从企业的财务数据来看，企业的资产收益率和资产负债率分别达到 2% 和 62%，资产规模的对数值平均为 10.26，表明所调查企业为高资产企业，并且企业的资产利用率好但企业负债率较高。除此之外，本章还显示了企业所在地的地方债务、地方居民储蓄、地方 GDP 和地方资产投资的对数分别为 18.16 亿元、18.53 亿元、8.77 亿元和 16.00 亿元。

6.2.3　实证设计

为了探讨高铁开通对小微企业出口的影响，本章采用双重差分的计量设计，将高铁开通城市的小微企业设定为处理组，没有开通高铁城市的小微企业设定为对照组，分别用以下的实证模型估计高铁开通对小微企业出口额的影响。对于企业 i 在第 t 年：

$$\ln(Export)_{it} = \beta_0 + \beta_1 \times (treat_i \times post_{it}) + \gamma \times X_{it} + \theta_i + \varphi_t + \varepsilon_{it} \quad (6.1)$$

其中，$\ln(Export)_{it}$ 是本章关注的因变量，为小微企业出口额的对数值。本章主要关注的自变量为小微企业所在城市是否开通高铁（$treat_i \times Post_{it}$），如果小微企业所在城市在 t 年已经开通高铁，交叉项取值则为 1，否则为 0。参考已有文献，本章选取控制变量 X_{it} 包括企业层面控制变量和地方层面控制变量。企业层面控制变量包括企业的资产回报率、资产负债率、资产对数；地方层面控制变量包括企业所在地区的居民储蓄对数、债务对数、GDP 对数以及当年固定资产投资对数。θ_i为企业固定效应，φ_t 为年份固定效应，ε_{it}为误差项。

在本章的模型中，高铁对小微企业出口额的作用体现在 $treat_i \times Post_t$ 的回归系数上，即相对于没有开通高铁城市中的对照组企业，开通高铁一年后小微企业的出口额会增加 β_1 个单位。考虑可能存在的不同企业的异质性，以及同一企业不同年份出口额的序列相关性，本章所有模型估计的标准误使用公司层面聚类的方式计算得到（褚竹君等，2019）。

在进行双重差分检验（Difference - In - Difference）之前，本章对高速铁路开通对小微企业出口的影响进行了平行趋势检验。图 6 - 1 展示了平行趋势检验的结果，图中横轴上的 open_l2、open_l1、open_0、open_f1、open_f2、open_f3 分别代表高速铁路开通前两年、开通前一年、开通当年、开通第一年、开通第二年和开通第三年；纵轴则表示回归系数。图 6 - 1 中的圆点是开通年份的处理效应，竖线则代表 95% 置信区间。检验结果如图 6 - 1 所示，结果符合平行趋势检验。

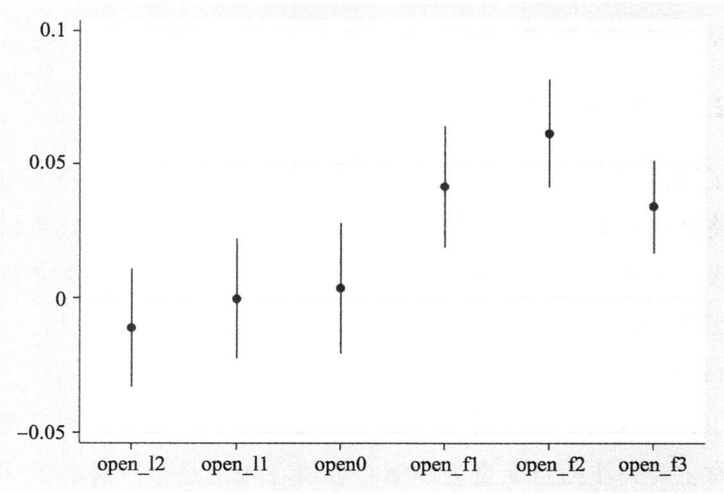

图 6 - 1　平行趋势检验

6.3　基准回归结果

首先，本节根据实证模型（6.1）探究小微企业所在地级市高速铁路开通对企业出口额的影响。估计结果如表 6－2 所示，在第（1）列中，模型控制了城市固定效应和时间固定效应，加入了企业层面控制变量，但并未控制企业固定效应，也没有加入地方层面控制变量；在第（2）列中，模型同时控制了城市和时间的固定效应，并加入了企业层面和地方层面控制变量，但并没有控制企业固定效应；在第（3）列中，同时控制了所有固定效应并加入了企业层面和地方层面的控制变量。第（1）～第（3）列的结果则表明，在变换不同控制变量的过程中，回归结果始终为正，且变化不大，并在 1% 的水平上显著，表明小微企业所在城市开通高速铁路会显著提升小微企业的出口额。以第（3）列结果为基准，说明高铁开通后，开通城市中的小微企业相比于其他小微企业的出口额显著增长 17.4%。由此，本章可以发现高速铁路开通可以有效促进小微企业的出口额增长。

表 6－2　　　　高速铁路的开通对小微企业出口的影响

项目	因变量：货物出口额的对数值		
	(1)	(2)	(3)
所在城市高铁开通（开通后 =1）	0.217***	0.185***	0.174***
	(0.053)	(0.053)	(0.052)
资产收益率	0.001	0.001	0.001*
	(0.001)	(0.001)	(0.001)
资产负债率	0.001	0.001	0.002***
	(0.001)	(0.001)	(0.001)
资产对数	0.319***	0.319***	0.581***
	(0.018)	(0.018)	(0.036)
地方债务对数		1.460***	1.367***
		(0.353)	(0.351)
地方居民储蓄对数		－1.147***	－1.125***
		(0.267)	(0.265)

续表

项目	因变量：货物出口额的对数值		
	(1)	(2)	(3)
地方 GDP 对数		-0.280***	-0.284***
		(0.085)	(0.085)
地方资产投资对数		-0.037	-0.031
		(0.038)	(0.036)
城市固定效应	控制	控制	控制
时间固定效应	控制	控制	控制
企业固定效应	未控制	未控制	控制
观测值	50565	50565	50565
组内 R^2	0.023	0.024	0.029

注：所在城市高铁开通（开通后 =1）是一个二元变量，高铁所在城市的企业在高铁开通当年及之后年份为 1，其他为 0。*、**、*** 分别表示 10%、5% 和 1% 水平下显著。所有回归的标准误是在企业层面上聚类的稳健标准误。

从控制变量来看，资产收益率和资产负债率对小微企业的出口额均未产生任何影响。另外，企业资产规模越大，小微企业的出口额越高。

6.4 异质性分析

6.4.1 不同运输成本地区分析

考虑到现实情况，中国企业除了从海上出口之外，还有可能通过陆路进行出口，特别是内陆边境省份已有既定的出口方式和路线。考虑到这种情况，本节分析了中国的版图，将内陆边境省份单独总结出来，并通过与非边境省份对比，分析了高铁开通对内陆边境省份与非内陆边境省份的企业出口的不同影响。具体来讲，中国拥有 8 个内陆边境省份，包括辽宁、吉林、黑龙江、内蒙古、新疆、西藏、云南和广西。通过将税收调查数据中的公司根据纳税人识别号进行地区划分之后，结果显示，属于边境省份的小微企业有 5025 家，属于非边境省份的小微企业有 45540 家。分别将两个样本中小微企业的出口额对高速铁路开通的变量进行回归，同样控制企业固定效应和时间固定效应，并加入企业层面和地方层面的控制变量，得到的回归结果如表 6 – 3 所示。

表 6 – 3　高速铁路开通对不同出口运输成本地区小微企业的出口的影响

	因变量：货物出口额的对数值	
	(1)	(2)
区域划分	边境省份	非边境省份
所在城市高铁开通（开通后 =1）	0.020	0.240***
	(0.155)	(0.058)
资产收益率	0.005**	0.001
	(0.002)	(0.001)
资产负债率	0.001	0.003***
	(0.002)	(0.001)
资产对数	0.738***	0.562***
	(0.137)	(0.037)
地方债务对数	−0.372	1.687***
	(1.146)	(0.376)
地方居民储蓄对数	−0.032	−1.311***
	(1.226)	(0.277)
地方 GDP 对数	−0.597	−0.279***
	(1.047)	(0.085)
地方资产投资对数	0.028	−0.030
	(0.553)	(0.036)
企业固定效应	控制	控制
时间固定效应	控制	控制
观测值	5025	45540
组内 R^2	0.041	0.029

注：*、**、*** 分别表示 10%、5% 和 1% 水平下显著。所有回归的标准误是在企业层面上聚类的稳健标准误。

从回归结果来看，虽然两列的结果都为正，但是第（1）列的结果并不显著，只有第（2）列显著。可以看出，高速铁路的开通对非边境省份的小微企业的出口产生显著的提升，增长幅度为 24%，但并没有影响边境省份小微企业的出口行为。后文也会将样本划分为不同区域，分析高铁开通对小微企业出口影响的区域异质性，详细探讨东、中、西部地区的差异。

另外，该结果也侧面支持了高速铁路降低贸易成本的机制，由于边境省份参与贸易成本原本较低，高铁开通无法对其贸易成本有进一步的显著降低作用，导致边境省份小微企业受到高铁开通的拉动作用要大幅低于非边境省份的小微企业。

6.4.2 不同初始出口情况分析

由于各小微企业的初始出口状况各不相同，本节根据各企业在 2011 年的初始出口额低于或高于中位数来分为初始低出口企业以及初始高出口企业。初始年份设定在 2011 年，即数据的初始年份。通过上述设定划分之后，结果显示，属于初始低出口的小微企业有 21555 家，属于初始高出口的小微企业有 21550 家。分别将这两个样本中小微企业的出口额对高速铁路开通当年的变量进行回归，同样控制企业固定效应和时间固定效应，同时加入企业层面和地方层面控制变量，得到的回归结果如表 6 -4 所示。

表 6 -4　高速铁路的开通对不同初始出口情况小微企业的影响

	因变量：货物出口额的对数值	
	(1)	(2)
出口情况	初始低出口	初始高出口
所在城市高铁开通（开通后 =1）	0.005	0.149 **
	(0.082)	(0.069)
资产收益率	0.003 ***	0.005 ***
	(0.001)	(0.001)
资产负债率	0.001	0.000
	(0.001)	(0.001)
资产对数	0.665 ***	0.695 ***
	(0.042)	(0.052)
地方债务对数	0.969 **	0.576
	(0.488)	(0.416)
地方居民储蓄对数	-0.510	-1.008 ***
	(0.356)	(0.362)

续表

	因变量：货物出口额的对数值	
	(1)	(2)
出口情况	初始低出口	初始高出口
地方 GDP 对数	-0.204**	-0.140
	(0.097)	(0.127)
地方资产投资对数	-0.079*	0.106
	(0.041)	(0.208)
公司固定效应	控制	控制
时间固定效应	控制	控制
观测值	21555	21550
组内 R^2	0.035	0.057

注：*、**、*** 分别表示 10%、5% 和 1% 水平下显著。所有回归的标准误是在企业层面上聚类的稳健标准误。

从回归结果来看，高速铁路的开通对初始低出口企业的出口拉动效应并不明显。与之形成鲜明对比的是，高速铁路开通之后，对初始高出口企业的出口带动效应明显，使其出口额大幅增长了 14.9%。这反映出，高出口企业在交通基础设施改善之后对出口的意愿进一步增强，这也从另一个侧面说明了“机会是留给有准备的人”。企业在自身具有独特优势之后，同时外部条件的改善会进一步激发企业的活力，从而进一步发展壮大。

6.4.3　不同城市群情况分析

现阶段，中国的城市发展进入了一个以城市群为代表的全新发展阶段，这对企业的影响尤为明显。2016 年，国务院在原有的三大传统城市群①的基础之上又增批了四个特大型城市群②，从而形成了现阶段七大城市群并立的局面。七大城市群广泛均匀分布在全国，有力地促进了各地区的

① 京津冀城市群，主要包含北京市、天津市和河北省所辖城市。长三角城市群，主要包含上海市、江苏省、浙江省和安徽省所辖城市。珠三角城市群，主要包含广州、深圳、珠海、佛山、江门、东莞等 9 个城市。

② 长江中下游城市群，包含湖北省、湖南省和江西省所辖城市。哈长城市群，包含吉林省和黑龙江省所辖城市。中原城市群，包含河南省所辖城市。成渝城市群，包含重庆市和四川省所辖城市。

经济发展和人员流动。由于城市群可以看作是一个特殊的小型经济体，所以其对企业的影响也不尽相同。特别是按照地域来看，七大城市群在传统三大经济带上均有分布，于是我们将城市群引入研究中，分别将七个样本中小微企业的出口额对高速铁路开通当年的变量进行回归，同样控制企业固定效应和时间固定效应，加入了企业层面和地方层面的控制变量，得到的回归结果如表 6－5 和表 6－6 所示。

表 6－5　高速铁路的开通对不同城市群小微企业出口的影响

	因变量：货物出口额的对数值		
	(1)	(2)	(3)
城市群	京津冀城市群	长三角城市群	珠三角城市群
所在城市高铁开通（开通后＝1）	0.400*	0.757***	0.460***
	(0.211)	(0.292)	(0.176)
资产收益率	0.003	0.003*	－0.001
	(0.002)	(0.001)	(0.002)
资产负债率	－0.000	0.001	0.009***
	(0.002)	(0.001)	(0.002)
资产对数	0.553***	0.687***	0.363***
	(0.093)	(0.073)	(0.078)
地方债务对数	1.645	1.159*	0.597
	(1.217)	(0.666)	(1.799)
地方居民储蓄对数	－1.440	－1.977***	－2.491**
	(1.265)	(0.464)	(0.984)
地方 GDP 对数	0.601	－0.109	0.173
	(2.106)	(0.093)	(1.794)
地方资产投资对数	－1.852*	－0.012	1.744**
	(1.039)	(0.031)	(0.725)
公司固定效应	控制	控制	控制
时间固定效应	控制	控制	控制
观测值	5774	17817	7620
组内 R^2	0.026	0.031	0.027

注：*、**、*** 分别表示 10%、5% 和 1% 水平下显著。括号内为标准误，所有回归的标准误是在企业层面上聚类的稳健标准误。

表 6－6　　高速铁路的开通对不同城市群小微企业出口的影响

	因变量：货物出口额的对数值			
	(1)	(2)	(3)	(4)
城市群	长江中游城市群	哈长城市群	中原城市群	成渝城市群
所在城市高铁开通（开通后 =1）	1.201	−1.057	2.372 **	−1.228
	(0.812)	(0.704)	(0.914)	(1.142)
资产收益率	−0.006	−0.000	0.003	0.034 ***
	(0.010)	(0.007)	(0.003)	(0.012)
资产负债率	−0.004	0.007	0.009	−0.006
	(0.007)	(0.006)	(0.007)	(0.007)
资产对数	0.128	0.856 ***	0.762 ***	−0.095
	(0.242)	(0.302)	(0.220)	(0.136)
地方债务对数	3.240	1.379	12.304 **	−1.482
	(4.116)	(2.985)	(5.544)	(3.676)
地方居民储蓄对数	2.569	−0.890	−8.122	8.003
	(5.077)	(3.824)	(9.284)	(6.897)
地方 GDP 对数	−4.804	−0.899	−0.687	−12.904
	(6.539)	(3.745)	(13.350)	(11.150)
地方资产投资对数	1.154	−1.868	−1.813	0.695
	(3.255)	(1.184)	(9.506)	(0.446)
企业固定效应	控制	控制	控制	控制
时间固定效应	控制	控制	控制	控制
观测值	711	640	518	581
组内 R^2	0.026	0.073	0.098	0.045

注：*、**、*** 分别表示 10%、5% 和 1% 水平下显著。括号内为标准误，所有回归的标准误是在企业层面上聚类的稳健标准误。

回归结果显示，七大城市群中，高速铁路开通对京津冀城市群、长三角城市群、珠三角城市群和中原城市群的小微企业出口拉动效应非常明显，分别为 40%、75.7%、46.0% 和 237.2%，且在 1% 的水平上显著。与之形成鲜明对比的是，高速铁路开通并没有对其他地处中西部新批复成立的城市群中的小微企业出口有拉动作用。

6.4.4 不同经济发展地区分析

为了探讨不同地区的小微企业受到高铁开通的异质性影响，本章对小微企业的所在地按照国家统计局对区域经济的划分标准进行了东部、中部、西部的归属划分，将小微企业按注册地点分类进入东、中、西部。[①]通过将税收调查数据中的公司根据纳税人识别号进行地区划分之后，结果显示，属于东部地区的小微企业有45670家，属于中部地区的小微企业有2430家，属于西部地区的小微企业有2465家。分别将三个样本中小微企业的出口额对高速铁路开通的双重差分变量进行回归，同样控制企业固定效应和时间固定效应，加入了企业层面和地方层面的控制变量，得到的回归结果如表6－7所示。

表6－7　高速铁路开通对东、中、西部地区小微企业出口的影响

	因变量：货物出口额的对数值		
	(1)	(2)	(3)
区域划分	东部	中部	西部
所在城市高铁开通（开通后＝1）	0.169***	0.667*	0.107
	(0.054)	(0.354)	(0.255)
资产收益率	0.001*	－0.001	0.011***
	(0.001)	(0.003)	(0.004)
资产负债率	0.002***	0.005	－0.000
	(0.001)	(0.003)	(0.003)
资产对数	0.562***	0.753***	0.750***
	(0.038)	(0.135)	(0.156)
地方债务对数	0.968**	1.423	0.961
	(0.390)	(1.502)	(1.699)

① 具体的划分标准按以下的方式进行：东部地区一共13个省（市），包括北京、天津、河北、辽宁、吉林、黑龙江、山东、江苏、上海、浙江、福建、广东和海南。中部地区一共6个省（市），包括山西，安徽，江西，湖北，湖南，河南。西部地区一共11个省（区、市），包括四川、云南、贵州、西藏、陕西、甘肃、青海、内蒙古、新疆、广西、重庆。由于数据中并没有涉及宁夏和新疆的企业，因此上述两自治区不在此次考虑范围之内。

续表

	因变量：货物出口额的对数值		
	(1)	(2)	(3)
区域划分	东部	中部	西部
地方居民储蓄对数	-1.010***	-1.926	0.876
	(0.296)	(2.617)	(2.435)
地方 GDP 对数	-0.288***	0.055	-0.526
	(0.085)	(2.311)	(2.079)
地方资产投资对数	0.073	-0.022	0.254
	(0.206)	(0.035)	(0.276)
企业固定效应	控制	控制	控制
时间固定效应	控制	控制	控制
观测值	45670	2430	2465
组内 R^2	0.028	0.042	0.041

注：*、**、*** 分别表示 10%、5% 和 1% 水平下显著。所有回归的标准误是在企业层面上聚类的稳健标准误。

从回归结果来看，高速铁路开通对不同区域小微企业影响的差异明显。结果显示，首先，高速铁路开通对东部地区小微企业的影响颇为显著，使东部地区高铁开通城市的小微企业相比于东部地区其他小微企业的出口额多增加了 16.9%；其次，高速铁路开通对中部地区小微企业的影响系数高于对东部地区的影响，使中部地区高铁开通城市的小微企业相比于中部地区其他小微企业的出口额多增加了 66.7%，但仅在 10% 的水平上显著；与此形成明显对比的是，其西部地区的小微企业的出口额的影响并不明显，系数并不显著。

6.4.5　不同纳税人所有制类型

中国自 1978 年改革开放之后，企业形式经历了以公有制为主体的国有企业，转变为以公有制为主多种所有制共同发展，存在内外资并存的企业形式。不同企业形式丰富了市场，进一步促进了市场的开放和发展，对中国经济的发展和腾飞作出了巨大的贡献。

为了进一步考察高速铁路开通对不同所有制企业（即不同纳税人登记

注册类型）的出口所产生的影响，本章将数据中小微企业统计并划分为国有企业①，共计 895 家；外资企业②，共计 22542 家；以及私营企业③，共计 26590 家。按照划分好的样本重新进行了回归，结果如表 6－8 所示。

表 6－8　　对不同纳税人注册类型小微企业出口的影响

	因变量：货物出口额的对数值		
	(1)	(2)	(3)
纳税人注册类型	国有企业	外资企业	私营企业
所在城市高铁开通（开通后＝1）	0.457	0.196***	0.121
	(0.678)	(0.070)	(0.076)
资产收益率	－0.006	0.002*	0.001
	(0.010)	(0.001)	(0.001)
资产负债率	0.004	－0.000	0.003***
	(0.009)	(0.001)	(0.001)
资产对数	0.432**	0.589***	0.540***
	(0.175)	(0.066)	(0.043)
地方债务对数	3.663	－0.091	2.145***
	(2.743)	(0.497)	(0.485)
地方居民储蓄对数	－0.726	－0.436	－1.584***
	(2.732)	(0.358)	(0.389)
地方 GDP 对数	－4.475	0.038	－0.404***
	(4.140)	(0.123)	(0.108)
地方资产投资对数	0.240	0.302***	－0.060*
	(1.013)	(0.103)	(0.032)
公司固定效应	控制	控制	控制
时间固定效应	控制	控制	控制
观测值	895	22542	26590
组内 R^2	0.034	0.022	0.029

注：*、**、*** 分别表示 10%、5% 和 1% 的显著性水平，所有回归的标准误在企业层面上聚类稳健。

---

① 国有企业包含：集体企业、股份合作企业、联营企业等。
② 外资企业包含：外商投资企业，港、澳、台商投资企业等。
③ 私营企业包含：私营独资企业、私营合伙企业、私营有限责任公司、私营股份有限公司等。

表 6 - 8 的第（1）～第（3）列分别是国有企业、外资企业、私营企业的估计结果，回归结果显示，高速铁路的开通对外资企业的出口额均起到了显著促进作用。对比没有开通高铁地区的对应类型企业，外资企业在高速铁路开通后的出口额相比之前提升了 19.6%，并在 1% 的水平上显著。这说明交通基础设施的改善对外资企业的出口增长发挥了重要作用。对于外资企业而言，大规模交通基础设施的建设进一步促进了外资企业开展对外贸易，可能的原因在于便捷的交通使外资企业进一步明确企业的出口导向或者将原本内销定位转变为出口，从而使高铁开通对外资企业的出口的影响明显。

6.5　稳健性检验

前文已经分析了小微企业所在城市开通高铁后显著提高了企业出口规模，且这种影响根据企业所在城市群、区域位置、企业所有制类型等的不同而有所差异，为了保证结果的稳健性，本章做了下列检验。

第一，高速铁路建设期间，可能已经开始对高铁沿线产生影响，特别是对沿线企业的期望产生影响，从而影响企业的出口决策。为了检验企业对高铁建设的期望所带来的效应，本章对企业出口行为在高速铁路开通前一年和前两年分别进行了回归。表 6 - 9 第（1）～第（2）列的回归结果显示，高铁开通前一年和前两年，企业的出口没有受到高铁开通的影响，说明高速铁路在开通之前没有对企业的预期产生了影响。

表 6 - 9　　稳健性检验——时间滞后性检验

项目	因变量：货物出口额的对数				
	(1)	(2)	(3)	(4)	(5)
	开通前 2 年	开通前 1 年	开通后 1 年	开通后 2 年	开通后历年
处理效应	-0.089	-0.051	0.021*	0.055**	
	(0.063)	(0.054)	(0.033)	(0.033)	
高速铁路开通当年					-0.017
					(0.053)

续表

项目	因变量：货物出口额的对数				
	(1) 开通前2年	(2) 开通前1年	(3) 开通后1年	(4) 开通后2年	(5) 开通后历年
高速铁路开通第一年					0.101**
					(0.051)
高速铁路开通第二年					0.150***
					(0.055)
高速铁路开通第三年					0.126**
					(0.053)
高速铁路开通第四年					0.182***
					(0.054)
高速铁路开通第五年					0.019
					(0.054)
资产收益率	0.001*	0.001*	0.001*	0.001*	0.001*
	(0.001)	(0.001)	(0.001)	(0.001)	(0.001)
资产负债率	0.002***	0.002***	0.002***	0.002***	0.002***
	(0.001)	(0.001)	(0.001)	(0.001)	(0.001)
资产对数	0.582***	0.582***	0.582***	0.582***	0.581***
	(0.036)	(0.036)	(0.036)	(0.036)	(0.036)
地方债务对数	1.433***	1.413***	1.408***	1.435***	1.134***
	(0.351)	(0.351)	(0.351)	(0.352)	(0.359)
地方居民储蓄对数	-1.148***	-1.139***	-1.133***	-1.144***	-1.144***
	(0.264)	(0.265)	(0.265)	(0.264)	(0.269)
地方GDP对数	-0.302***	-0.304***	-0.309***	-0.293***	-0.251***
	(0.085)	(0.085)	(0.086)	(0.085)	(0.086)
地方资产投资对数	-0.035	-0.035	-0.036	-0.033	-0.027
	(0.036)	(0.036)	(0.036)	(0.036)	(0.036)
公司固定效应	控制	控制	控制	控制	控制
时间固定效应	控制	控制	控制	控制	控制
观测值	50565	50565	50565	50565	50565
组内 R^2	0.029	0.029	0.029	0.029	0.029

注：*、**、***分别表示10%、5%和1%水平下显著。所有回归的标准误是在企业层面上聚类的稳健标准误。

第二，高速铁路开通存在滞后性的问题。通常来说，高速铁路开通对企业出口决策可能有一定的滞后效应。为了验证高速铁路开通是否对企业出口决策产生滞后效应，本章分别检验了高速铁路开通一年之后以及开通两年之后对企业出口的不同影响。表 6－9 第（3）～第（4）列的回归结果显示，高速铁路开通后一年及两年对企业出口均产生了积极的影响。说明高速铁路开通对企业出口的影响效应存在一定程度的滞后性。

第三，高速铁路开通后往往对当地经济产生非线性影响。为了验证高速铁路开通对企业出口的非线性影响，本章对高速铁路开通后企业五年的出口额进行了回归。表 6－9 第（5）列的回归结果显示，高速铁路开通当年对出口的影响很小且不显著，但随着时间的推移，效应慢慢显现，并在高速铁路开通两年之后对出口的影响达到 15%，之后呈现出缓慢下降的态势。由此可以得出，高铁开通对企业出口的影响呈现倒 U 形关系。

6.6　小结

本章基于财政部的 2011—2015 年税收调查数据，采用双重差分方法考察了高速铁路的修建和开通对铁路沿线小微企业出口的影响。研究发现，高速铁路的建设和开通使得开通城市的小微企业的出口额显著增加，且这种影响存在时滞性；进一步通过对小微企业的行业和地区的异质性分析则表明，高速铁路的建设和开通对边境省份的出口额的影响不如非边境省份，且对初始高出口企业的促进作用更为明显；另外，将企业纳入城市群中的结果表明高速铁路开通对京津冀城市群、长三角城市群、珠三角城市群和中原城市群的小微企业出口拉动效应非常明显，即对东部地区的促进作用更明显。进一步地，对小微企业的所在地按划分标准进行了东部、中部、西部的分类之后结果也印证了上述结论；在稳健性的检验中则进一步印证了高速铁路建设和开通对所在地区小微企业的出口存在明显的滞后性；对未来数年企业出口的影响则呈现倒 U 形关系。

本章的结论有着较强的政策意义：一方面，高速铁路的建设对小微企业的出口发展有着积极的推动作用，但是对于西部地区企业和初始出口较少的小微企业来说，高铁对出口的拉动作用不显著。因此，建议政府针对这些地区和特征的小微企业制定一定的帮扶措施，帮助其克服参与出口的初始门槛，以使其能够从高铁建设中获益更多。另一方面，本章发现高铁建设对企业出口的影响效应多发生在短期之内，随着时间的推移，高速铁路对小微企业出口的影响将逐渐减小并最终变为不显著，说明企业的长期出口和发展并不能完全依赖改善交通基础设施。从长远来看，企业要想在的出口市场上有所作为，需要从自身出发，增强创新研发能力，提升产品质量水平，打响国际品牌声誉。具体地，结合本章的研究，本书提出如下三条政策建议。

第一，优化交通基础设施布局，促进区域均衡发展。研究发现，高速铁路的建设和开通对东部经济发达地区的出口额增加更为显著。这反映了交通基础设施布局在促进区域经济发展中的重要作用。因此，政府应进一步优化交通基础设施布局，特别是高速铁路网络的布局。在规划和建设高速铁路时，应充分考虑地区的经济发展水平和产业结构特点，优先支持对经济增长有长期效益的地区和项目。同时，还应加强跨地区的交通基础设施建设合作，促进资源共享和互补性发展，从而推动区域经济的均衡发展。

第二，发挥交通基础设施建设的引领作用，培育新的出口增长点。高速铁路的建设和开通对初始高出口企业的促进作用更为明显。这表明交通基础设施建设在培育新的出口增长点方面具有重要作用。因此，政府应发挥交通基础设施建设的引领作用，通过优化出口结构、提高出口产品质量和附加值等措施，培育一批具有国际竞争力的中小企业。同时，还应加强与国际市场的对接和合作，积极拓展海外市场，为中小企业提供更多出口机会。

第三，加强政策引导和支持，营造良好的发展环境。交通基础设施建设对中小企业出口的影响存在一定的时滞性，且在未来数年内呈现倒U形关系。这表明政府在制定相关政策时需要考虑长期效应和动态调整。因此，政府应加强政策引导和支持，为中小企业提供稳定的政策环境和良好的发展条件。具体而言，可以采取以下措施：一是加大对中小企业的财政支持和税收优惠力度；二是加强金融支持和服务创新，为中小企业提供多元化的融资渠道和金融服务；三是加强人才培养和科技创新支持，提升中小企业的核心竞争力和创新能力；四是加强市场监管和公平竞争保障，为中小企业营造公正、透明、规范的市场环境。

此外，对于边境省份而言，虽然高速铁路的开通对其出口额的影响并不如非边境省份显著，但仍需关注其特殊地位和作用。政府可以通过加强与周边国家的经贸合作、推动边境贸易便利化等措施，进一步提升边境省份在促进国际国内双循环中的战略地位和作用。

综上所述，交通基础设施建设在拉动小企业出口、促进国际国内双循环方面具有重要作用。政府应加大投入力度、优化布局、培育新增长点、加强政策引导和支持，为中小企业提供更好的发展环境和更广阔的市场空间。通过实施这些措施，可以进一步激发中小企业的活力和创造力，推动经济的高质量发展。

第7章 交通相关研究进展分析

7.1 城内交通基础设施建设

城市内部交通是城市发展的重要组成部分，其优化与升级对城市经济、环境和社会发展具有深远的影响。近年来，随着科技的进步和政策的推动，城市内部交通经历了多次变革，包括交通基础设施的升级、互联网出行服务的创新、共享出行的兴起，以及低碳交通运输体系的建立等。

首先，交通基础设施的升级（如铁路道口的改造）显著提升了城市内部交通的流动性和便利性，进而促进了城市空间经济的集聚。而城市内部交通流动性的提升则有助于减少居民工作的通勤时间，进一步对企业生产效率产生助推作用。由于长时间的通勤会降低员工的工作满意度和生产效率，从而影响企业的经济效益。因此，优化城市内部交通、缩短通勤时间对于提高企业生产效率和员工满意度具有重要意义。

其次，在互联网和大数据时代背景下，互联网出行服务通过数据化手段改善体验场景、推动交通格局变革，为解决传统集约性交通供给效率与离散化交通需求的矛盾提供了重要思路。而共享出行，作为一种新兴的交通服务模式，依托互联网技术和共享经济，为城市出行提供了新的选择。

最后，低碳交通运输体系的建立对于降低城市交通碳排放、实现“双碳”目标具有重要意义。城市公共交通的发展对于抑制车辆能源消费、推动城市绿色低碳发展具有重要作用。通过提高城市道路公共交通的运行效率，可以有效地抑制车辆能源消费的增长，从而降低城市交通对环境的负面影响。

综上所述，城市内部交通的优化与升级对于推动城市经济、环境和社会的发展具有十分重要的意义。未来，随着科技的进步和政策的推动，我们相信城市内部交通将会变得更加便捷、高效和绿色。接下来，本小节将结合近年来的学术研究，展开对于中国城市内部交通基础设施建设的综述。

孙伟增和何磊磊（2022）基于 2015 年中国人口调查数据，深入研究了通勤时间对企业生产效率的影响。这一研究不仅揭示了城市空间结构与居民出行行为之间的相互关系，也为城市规划、交通政策制定以及企业管理提供了重要的参考依据。首先，该研究通过回归分析，揭示了城市地价梯度与居民通勤时间之间的正相关关系。即随着距离城市中心的增加，住宅用地价格逐渐降低，而居民为了寻求更经济的住房成本，不得不承受更远的通勤距离和更多的通勤时间。这一发现为理解城市空间布局和居民出行行为提供了新的视角。其次，该研究进一步分析了通勤时间对企业生产效率的影响。研究发现，通勤时间的增加会显著降低企业的 TFP，且以私家车或公交车为主要交通方式的通勤时间增加对企业 TFP 的负面影响更为显著。这一发现强调了优化城市交通结构和缩短通勤时间对提高企业生产效率的重要性。

基于以上发现，政府应加大对公共交通系统的投入，提高公共交通的便捷性和舒适性，鼓励居民采用公共交通方式出行，从而减少通勤时间并降低交通拥堵。此外，企业也应关注员工的通勤问题，通过提供灵活的工作时间、远程办公等措施，降低通勤时间对员工工作效率和生活质量的影响。总的来说，该研究对于理解城市空间结构、居民出行行为以及企业生产效率具有重要意义。通过优化城市规划和交通结构，缩短通勤时间，不仅可以提高居民的生活质量，还能促进企业的可持续发展。

随着城市化进程的加速，铁道路口作为满足跨城交通的重要城内交通节点，其改造不仅关乎交通效率的提升，更对城区空间的经济布局有着深远影响。许志成和孙天事（2023）以“道口平改立”工程为切入点，利用卫星夜间灯光数据和铁路矢量数据，深入分析了交通基础设施升级对城市内部经济发展格局的影响。传统铁路道口作为城市空间的一道分隔线，不仅限制了人员和物资的流动，还阻碍了城市内部的经济交流与发展。而该研究发现，道口立交化显著提升了城区内部铁路两侧的流动便利性，促进了经济活动的集聚，尤其在政府驻地一侧。因此，对铁路道口进行改造，实现铁路与公路的立交化，成为促进城市内部空间经济发展的重要举措。这一发现揭示了交通基础设施升级在推动城市内部空间经济重构中的关键作用。研究还发现，随着城市经济的发展，城市空间经济从集聚逐渐走向平衡。在经济欠发达地区，道口改造产生的要素集聚效应更为明显。而在经济较为发达的城市，由于已存在多个经济中心和相对发达的立交化交通，进一步升级交通基础设施并不会继续加剧经济活动的集聚程度。

结合上述发现，该研究提出如下政策建议：在城市规划和交通基础设施建设中，应充分考虑其对城市内部空间经济的影响。通过科学合理的布局，促进城市经济的均衡发展。对于经济欠发达地区，应加大交通基础设施的投资力度，利用其产生的要素集聚效应，推动地区经济的快速增长；对于经济发达地区，应更加注重城市交通的多元化发展，避免单一交通方式导致的经济活动过度集聚，实现城市经济的多元化和均衡发展。另外，进一步的交通基础设施升级不会继续加剧城区内部经济活动的集聚程度，经济活动的分布逐渐趋于平衡。总的来说，许志成和孙天事（2023）通过对“道口平改立”工程影响的深入研究，强调了交通基础设施升级对城市内部经济发展格局的重要影响，为优化城市交通布局、推动城市空间经济均衡发展提供了有益的参考和借鉴。

随着科技的进步和互联网的普及，共享经济作为一种新型经济模式，正在全球范围内迅速崛起。中国是世界上最大的互联网市场之一，其互联网出行服务的发展尤为引人注目。从专业租车网站的出现到如今的网约车和共享单车等服务模式的广泛应用，互联网出行服务已经成为中国共享经济的重要代表。因此，在介绍了城市内部交通基础设施建设影响的基础上，探究互联网出行对于理解城内交通不仅具有理论价值，更具有重要的现实意义。

荣朝和（2018）首次分析了互联网出行服务的时空经济特点。通过数据化手段改善体验场景，互联网出行服务以新的时空匹配模式推动改变了原有交通格局。这种新型服务模式不仅提高了交通效率，还有效解决了传统集约性交通供给效率与离散化交通需求之间的矛盾。为了深入理解各类互联网经济，该研究引入了物信关系与结构分析框架。这一框架有助于更好地理解互联网出行服务在共享经济中的作用和地位，以及其在物信关系与结构演变中的重要意义。最后，该研究还分析了互联网出行服务在交通运输领域的广泛影响。网约车和共享单车等服务模式的广泛应用不仅改变了人们的出行习惯，还对城市交通格局产生了深远影响。同时，这些服务模式的成功也为其他领域的共享经济提供了宝贵的经验。

虽然网约车平台的兴起革新了人们的出行方式，但是也对政府的监管模式提出了新的挑战。在这一背景下，赵光辉和李玲玲（2019）对大数据时代下网约车监管的逻辑路径进行了深入研究，填补了大数据与交通服务业态相结合的监管模式研究的空白，并为政府提升网约车监管能力和治理水平提供了实践上的有效选择。

该研究详细梳理了网约车监管逻辑的起点。第一，该研究提出网约车服务作为一种新兴的出行模式，虽然在一定程度上提高了出行效率，但也存在市场失灵的问题，如服务质量不稳定、司机素质参差不齐等。这些问题需要政府进行干预，通过有效的监管来维护市场秩序，保障乘客的权益。第二，网络平台的高效性使得原本由政府提供的公共出行服务现在有了商业化的可能，这提高了服务效率并降低了成本。然而，这同时也增加了网约车平台企业需要承担的监管职责，因为网络平台上的冲突和纠纷处理不当可能带来巨大损失。第三，网约车平台企业的垄断竞争问题的性质难以判定，传统的反垄断理论难以准确判断其对消费者福利的影响，这给政府的反垄断监管带来了挑战。第四，由于网约车平台企业的高度联通性和外部性问题，要求对其进行多元灵活的监管与共治。平台中的网约车车主和消费者的行为可能影响到整个社会的公共秩序，因此政府和其他相关方需要共同参与网约车领域的监管和治理。

在此基础上，赵光辉和李玲玲（2019）以广州市对网约车的监管为例，总结了从“经验治理”到“数据治理”的科技监管经验。实际上，广州作为珠三角城市群的中心，在网约车服务领域同样面临着一系列挑战。为了规范网约车运营并保障乘客安全，广州市公安局和交通运输主管部门采取了一系列科技手段来加强监管。首先，他们利用移动警务和“鹰眼”系统对网约车和顺风车平台的驾驶员进行背景核查，确保其符合相关资质要求。同时，通过警务通等智能化工具，提高了交警的工作效率，并实现了多个后台系统的联接，为监管工作提供了有力支持。其次，为了落实安全和维稳主体责任，广州交通主管部门联合公安机关，通过大数据平台严格督促网约车平台公司，规范其派单制度，实行驾驶员人脸识别，并审核车辆和驾驶员的一致性。此外，通过大数据平台实时监测网约车的行驶轨迹，及时发现并处理异常情况。再次，为了加强投诉报警和快速反应机制，广州市在网约车平台 App 上设置了“一键报警”装置，方便驾驶员和乘客在紧急情况下迅速报警。同时，交通部门还开设了投诉专线，接受社会各界的投诉和举报。最后，广州市还借助出租车执法稽查系统识别和精准打击各类非法营运行为。该系统结合人工智能和卫星定位数据信息，能够精准识别假冒出租车，并掌握其出没规律和分布特征，为执法人员提供精准信息，提高执法效率。综上所述，广州市通过利用科技手段加强网约车监管工作，在规范网约车运营、保障乘客安全等方面取得了积极成效。这些措施不仅提高了监管效率，还为公众提供了更加安全、便捷的出行服务。

基于此，该研究提出政府应鼓励网约车平台企业发挥自律监管的作用，通过重复博弈和市场声誉约束机制，提升企业的自我约束和管理能力。同时，政府应利用大数据的信息技术赋能，提升监管决策能力，实现由“经验治理”到“数据治理”的转变。此外，政府还应加强法治监管，通过制定和完善相关法律法规，为网约车的健康发展提供法律保障。最后，政府应推动合作监管，与网约车平台企业建立合作关系，共同应对监管难题。这些政策建议的含义在于，政府需要适应大数据时代的新形势，转变传统的监管思路和方法，采取更为灵活和多元的监管方式。同时，政府还需要与网约车平台企业建立合作关系，共同推动网约车行业的健康发展。

共享出行作为共享经济的重要组成部分，通过有效整合和利用车辆资源，不仅满足了多样化的出行需求，也为城市交通带来了智慧化的变革。然而，共享出行行业的健康发展离不开政府、企业和出行者等多方主体的协同合作。在此背景下，孙会君等（2023）探讨了如何在政府监管下，实现共享出行行业的多主体利益平衡和优化管理。这对于促进共享出行行业的健康发展、提高城市交通效率，以及提升人们的出行体验具有重要的理论价值和现实意义。

孙会君等（2023）通过构建一个以政府为主导的市场资源配置双层规划模型，深入分析了共享出行系统中多层级多主体之间的复杂交互关系和利益冲突。研究发现，政府作为上层模型的决策主体，应以公共利益为导向，合理规划共享出行行业的资源宏观配置。这包括制定科学的法律法规、运用经济手段调控市场以及采用技术手段提高市场效率等。同时，下层模型则应关注共享出行企业在政府约束和市场竞争/合作影响下的运营优化问题。这意味着企业应以提高经济利润为目标，在遵循政府政策的前提下，提供多样化服务以满足不同需求，并寻求竞争与合作的平衡。此外，该研究还利用大数据分析方法，对共享出行行业的相关数据进行了深入挖掘和分析。通过对比竞争与合作关系下企业的盈利差异，揭示了企业间合作对互补型企业效益的提升作用。这进一步为推动共享出行行业的合作与共赢提供了有力支持。

基于上述发现，该研究提出如下政策建议：首先，政府应加强对共享出行行业的监管和引导，制定合理的法律法规和政策措施，以促进行业的健康发展。其次，企业应积极响应政府政策，提高服务质量，优化运营策略，以在激烈的市场竞争中立于不败之地。同时，企业间应加强合作与协同，实现资源共享和优势互补，共同推动共享出行行业的进步。最后，出行者应树立绿色出行理念，积极参与共享出行活动，为推动城市交通的智慧化和绿色化贡献力量。综上所述，孙会君等（2023）通过对共享出行行业多主体利益平衡和管理优化的研究，为政府、企业和出行者提供了有益的政策建议和实践指导。这对于促进共享出行行业的健康发展、提高城市交通效率，以及提升人们的出行体验具有重要的现实意义和深远的社会影响。

鉴于汽车是城市交通中不可或缺的组成部分，而燃油车又是造成污染的重要因素，因此分析低碳出行也是探究城内交通影响的重要一环。实际上，随着中国经济的飞速发展，城市化进程不断加速，汽车产业迎来了高速增长的时代。中国汽车的产销量连续八年位居世界第一，汽车保有量逐年攀升，尤其是私人汽车的数量和比例不断扩大。然而，这种快速增长背后隐藏着巨大的能源消费和环境污染问题。汽车能耗已成为最主要的石油消费因素，对中国的石油安全构成了严峻挑战。同时，汽车尾气排放也是雾霾形成的重要原因之一。因此，如何在保障城市交通便捷的同时，有效抑制车辆能源消费、减少环境污染，成为当前亟待解决的问题。

在此背景下，林伯强和杜之利（2018）聚焦分析了中国城市车辆耗能与公共交通效率的关联。通过对城市公共交通效率的分析，探讨其对车辆能源消费的抑制效应，旨在为城市交通规划和政策制定提供科学依据，推动城市交通向更加绿色、高效的方向发展。首先，林伯强和杜之利（2018）利用中国36个中心城市2010—2015年的道路公交运营数据，结合非径向方向距离函数（NDDF）的方法，对不同城市的公交车和出租车的运行效率进行评价。通过这种方法，可以更准确地反映城市公共交通的实际运行状况，并为后续分析提供数据支持。其次，该研究分析了城市道路公共交通的运行效率对车辆能源消费的抑制效应。通过实证分析，发现高效的城市公共交通系统确实能够对车辆能源消费产生一定的抑制作用，但这种抑制效应的大小受到多种因素的影响，包括城市规模、经济发展水平、交通政策等。此外，该研究还利用 IV - GMM 方法处理内生性问题，以得到更为合理的估计结果。

基于上述研究，林伯强和杜之利（2018）提出了以下政策建议：第一，加大对城市公共交通的投入，提高公共交通的运行效率和服务质量，吸引更多市民选择公共交通出行，从而减少私家车的使用和能源消费。第二，制定更加科学合理的城市交通规划，优化交通结构，减少交通拥堵和尾气排放，提高城市的整体环境质量。第三，鼓励和支持新能源汽车的研发和推广使用，降低汽车能耗和污染物排放，从根本上改善城市交通的能源消费和环境污染问题。

此外，孙传旺等（2019）探讨了交通基础设施与城市空气污染之间的关系。首先，孙传旺等（2019）构建了理论模型，分析了居民效用、交通基础设施与空气污染的相互作用机理。随后，他们利用2000—2012年83个城市的面板数据进行了实证研究，分析了交通基础设施对城市空气质量的影响机制。该研究基于城市公共道路投资完成额与道路面积等指标，衡量了城市内部交通基础设施水平，并发现交通基础设施的改善，尤其是道路面积的增加，对城市空气质量具有显著的正面效应。进一步的分析表明，这种正面效应在通过工具变量（地面坡度）缓解内生性偏误后变得更加明显。此外，该研究还探讨了不同类型交通基础设施对空气质量的影响差异，以及这些影响在不同城市间的异质性。这些发现不仅丰富了我们对交通基础设施与环境质量关系的理解，也为针对性的政策制定提供了科学依据。

进一步地，姚洪江和王昆仑（2023）利用低碳交通建设试点政策作为准自然实验，探讨了该政策与碳排放之间的因果关系。首先，作者发现，低碳交通建设试点政策对新能源私家车的推广具有显著影响。研究显示，在低碳交通改造试点城市中，新能源私家车的增加主要集中在那些进行新能源车推广的城市。这表明，政策在推动新能源私家车市场发展方面发挥了重要作用。其次，作者发现低碳交通建设与新能源私家车推广之间的交互效应显著。该研究发现，低碳交通改造与新能源私家车推广城市之间的交互项在统计上高度显著，且系数远大于主效应系数。这表明低碳交通建设试点政策与新能源私家车推广政策之间存在协同作用，共同促进了新能源交通方式的发展。低碳交通建设对新能源私家车的影响并未随着污染程度的上升而增加。最后，该研究表明，在污染程度较高的地区，低碳交通建设对新能源私家车的推广效果并未得到显著增强。这可能是由于污染程度较高的地区面临更多的环境约束和治理挑战，需要更多的政策支持和投入才能实现新能源交通方式的快速发展。

综上所述，随着城市化进程的加速和科技的进步，城市交通问题日益凸显，成为影响城市可持续发展的重要因素之一。学者们的研究论文从不同角度对城市交通问题进行了深入探讨，提出了有益的理论和实践指导。在城市内部交通基础设施研究中，孙伟增和何磊磊（2022）的研究揭示了通勤时间对企业生产效率的负面影响，强调了优化城市交通结构和缩短通勤时间的重要性。许志成和孙天事（2023）则聚焦于交通基础设施升级对城市内部经济发展格局的影响，提出了科学合理的城市交通布局和交通基础设施投资策略。在共享交通这一领域中，荣朝和（2019）分析了互联网出行服务的时空经济特点，为理解共享出行在城内交通中的作用提供了理论支持。赵光辉和李玲玲（2019）则对网约车监管的逻辑路径进行了深入研究，为政府提升对网约车的监管能力和治理水平提供了有效路径选择。孙会君等（2023）探讨了共享出行行业多主体利益平衡和管理优化问题，为促进共享出行行业的健康发展提供了政策建议。而在低碳出行相关的研究中，林伯强和杜之利（2018）以及姚洪江和王昆仑（2023）则探索了城市内公共交通与私人交通的替代作用，并分析了公共交通对于城市内污染的缓解作用。

这些研究不仅加深了我们对城市交通问题的认识和理解，也为政府和企业提供了有益的政策建议和实践指导。例如，政府应加大对公共交通系统的投入，提高公共交通的便捷性和舒适性；企业应关注员工的通勤问题，通过提供灵活的工作时间、远程办公等措施降低通勤时间对员工工作效率和生活质量的影响。此外，政府和企业还应加强合作与协同，共同推动城市交通的绿色化、智能化和共享化发展。

7.2 城际交通基础设施建设

对于城际交通基础设施建设，除高铁外，中国学者主要研究的是高速公路。整体而言，这两类交通基础设施都在中国经济增长中发挥着至关重要的作用。众多研究表明，交通基础设施的投资回报率高，对经济增长有明显的拉动作用。同时，交通基础设施的质量和数量的提升能够优化资源配置，提高生产效率，促进市场整合和工业活动的空间分布。

在具体影响方面，研究发现高速公路等交通基础设施的建设能够促使生产资源向大城市集聚，并提升沿线县域企业的专业化分工水平。然而，这也可能导致这些企业与大城市企业在产业价值链上的竞争处于不利地位。另外，交通基础设施的改善通过提升市场势力、优化资源配置效率等路径对非中心城市制造业产生积极影响。而交通网络的扩张有助于突破行政边界的限制，提高要素流动性和空间配置效率。但同时，这也可能使行政边界内外的市场整合程度进一步分化。

而在产业的升级和发展过程中，交通基础设施和金融发展都扮演了重要角色。交通基础设施的提升能够带来县域产业增加值、总产值、工业销售产值、从业人数和投资的增长，而金融约束则显著影响了各行业从交通基础设施提升中获得市场机遇。

此外，研究还表明，增加交通基础设施投资能够改善城市空气质量，实现城市生态文明建设的平衡与充分发展。但是，交通可达性的提高也可能导致高污染企业的生产活动向某些地区集中，从而加剧环境污染。

综上所述，交通基础设施在促进经济增长、优化资源配置、提升生产效率和市场整合等方面发挥着重要作用，但同时也需要注意其可能带来的环境和社会问题。因此，在制定交通基础设施政策时，需要综合考虑经济、环境和社会等多方面因素，实现全面、协调和可持续发展。本小节将围绕普通铁路提速（动车）以及高速公路这两类交通基础设施对现有研究进行总结和分析。

中国作为世界上高速公路建设最为迅速的国家之一，其高速公路网络的发展对经济增长的贡献不可小觑。虽然大量研究已经关注到交通基础设施的经济效应，但仍有待进一步细化和深化。特别是随着微观数据的丰富和研究方法的创新，对交通基础设施的经济效应分析有必要从更细致的微观视角入手。例如，步晓宁等（2019）基于中国工业企业库数据，分析了中国高速公路建设的资源配置效应和总量生产率提升效应。

首先，步晓宁等（2019）通过引入中间投入品和两步回归方法，探讨了高速公路建设的资源配置效应。该研究分析了高速公路建设对劳动、资本和中间投入品三种要素扭曲的影响，发现高速公路建设通过优化要素资源配置，显著提高了企业平均规模和生产效率，进而促进了宏观经济的增长。其次，在分析了资源配置效应的基础上，该研究进一步量化了高速公路建设对总量全要素生产率的增进效应。研究发现，高速公路建设通过矫正投入要素扭曲，显著提升了总量生产率，且这一效应在中西部地区、私营和股份制企业、中小城市以及轻工业和资本密集型行业中更为显著。最后，研究还发现，中国高速公路建设对总量生产率的增进效应呈现逐年递减的态势，表明高速公路建设逐步趋于饱和。此外，不同地区、不同所有制类型、不同规模城市以及不同行业之间的效应存在显著差异，这也为政策制定提供了重要依据。

基于以上发现，步晓宁等（2019）主要提出以下三类政策建议：第一，加大中西部地区和中小城市的高速公路建设力度：鉴于中西部地区和中小城市在高速公路建设中的总量生产率提升效应更为显著，政府应进一步加大对这些地区的投资力度，以促进区域经济的协调发展。第二，优化高速公路建设与产业升级的协同发展：针对不同行业对高速公路建设的响应度差异，政府应合理规划高速公路网络布局，促进其与产业升级的协同发展，以实现经济结构的优化和升级。第三，完善高速公路建设与管理的长效机制：随着高速公路建设的逐步饱和，政府应更加注重高速公路的维护和管理，确保其长期稳定运行，为经济增长提供持续动力。

步晓宁等（2019）的研究结果暗示了高速公路建设对于经济的推动效应逐渐趋于饱和。而从一般均衡模型的理论出发，陈晓佳等（2021）同样指出，交通基础设施作为推动经济增长的传统动力，其效应逐渐减弱。因此，研究交通结构与市场规模之间的关系显得尤为重要。在理论模型的基础上，陈晓佳等（2021）基于量化空间结构模型，通过对中国1999—2015年的综合交通地理数据进行分析，揭示了不同交通方式的经济效应及其差异化影响。这不仅有助于理解交通与经济增长的内在联系，而且对优化交通结构、提升经济增长质量具有重要的政策指导意义。

具体地，陈晓佳等（2021）研究发现，高速公路的经济效应呈现出先上升后下降的趋势，而其他单一交通网络的经济效应则表现出边际递减的特征。相比之下，综合交通组合结构的经济效应则处于边际递增阶段。这一发现表明，通过优化换乘和联运规划的一体化交通，可以显著提高运输经济效应。此外，研究还发现，交通结构的优化对于挖掘交通潜能、实现“交通强国”战略以及提升经济增长质量具有重要意义。

基于上述研究结果，陈晓佳等（2021）提出以下政策建议：首先，应重视交通结构的优化调整，通过推进各种运输方式的“零距离”换乘和“无缝化”衔接，提升联程联运的运输效率，从而发挥交通网络的最大效应。其次，在交通基础设施建设中，应注重综合交通体系的建设，避免单一运输方式的过度发展。最后，政府应加大对交通基础设施建设的投入，特别是在经济增速放缓的时期，通过优化交通结构来刺激经济增长。这些政策建议的实施，将有助于实现“交通强国”战略目标，促进经济持续健康发展。

此外，考虑到估算交通基础设施的投资回报率的方法多样性，谭莹等（2022）采用了三种生产函数估计模型，并基于 1998—2013 年的相关数据进行了深入的分析。他们基于公路面积构建了交通基础设施建设指标，发现中国交通基础设施的投资回报率相对较高，不同方法下的估算区间为 67% ~212% 。这一发现不仅验证了交通基础设施对经济增长的拉动作用，还反映了经济周期的影响。进一步的分析显示，东部地区的交通基础设施投资回报率最高，而西部地区最低。这意味着在未来的投资决策中，应加大对东部地区的投资力度，同时注重优化西部地区的资源配置。此外，研究还发现，高交通依赖度行业、资本密集型行业、非出口企业以及大企业从交通基础设施投资中获益更多。

在分析交通基础设施对中国经济整体回报率的基础上，也有学者尝试探索高速公路建设对于非中心城市制造业企业的溢出效应。李兰冰等（2019）首先探讨了高速公路建设与企业市场势力的关系。通过实证分析，他们发现高速公路的建设能够显著提升非中心城市制造企业的市场势力。这表明，交通基础设施的完善对于提升非中心城市区域内企业的市场竞争力具有显著的正向效应。进一步的机制分析表明，高速公路的开通降低了企业的运输成本，提高了产品的市场可达性，从而有助于企业提高产品价格。同时，高速公路的建设还促进了沿线地区的产业集聚和资源配置效率提升，这有助于降低企业的边际成本。此外，该研究还表明，高速公路建设对于企业资源配置效率的提升主要作用于低竞争度的地区。

然而也有学者指出，高速公路建设对于非中心城市并非总是产生正向的溢出效应（“涓流”效应）。徐明和冯媛（2021）基于“五纵七横”国道主干线的建设，探究了大型交通基础设施对沿线县域企业的影响方向和机制。他们的实证研究表明，国道主干线的建设导致沿线县域企业的生产资源向大城市集聚（“虹吸效应”），且这种集聚程度在不同产业之间存在异质性。而这种异质性产生的原因在于不同生产要素对于交通条件的敏感度存在差异。尽管国道主干线的建设促进了沿线县域企业的专业化分工水平，但由于这些企业大多位于产业价值链的低端，因此难以与大城市的企业竞争或分享由分工深化带来的效率提升和经济利益。鉴于此，徐明和冯媛（2021）提出，在交通基础设施建设的过程中，应注重资源的均衡配置，避免过度集中导致的资源错配和区域发展不平衡。同时，应加大对沿线中小城市的支持力度，提升其产业结构和生产效率，使其能够更好地融入区域经济发展的大局。

在前面学者的研究基础上，王媛和唐为（2023）则进一步探讨了交通网络、行政边界与要素市场一体化之间的关系。具体地，王媛和唐为（2023）利用上市公司是否开设异地子公司作为识别跨地区投资的指标，研究发现省内高铁开通和跨省高铁开通都显著增加了城市间资本的流动，而省内高铁开通对于城市间资本流通的提升效应要强于跨省高铁开通的促进作用。总的来说，他们发现交通网络扩张通过缩短城市间的空间距离、降低通行时间和成本，以及促进城市间的经济联系和合作，推动了城市间投资流动的增加和优化，但是行政边界限制了交通网络的一体化效应。最后，文章指出，要实现要素市场一体化改革，需要综合考虑交通网络扩张和行政边界的限制作用，加强省级行政边界内外的市场整合。这对于完善要素市场化配置体制机制具有重要的政策意义。

虽然交通基础设施建设是推动城市发展的重要力量，但是这一过程中也伴随潜在的环境问题。特别是河流污染，在中国这样一个地域广阔、水系复杂且河流跨省流动普遍的国家，更是一个严重的问题。然而，由于财政分权、政绩考核标准以及属地化管理模式等因素，跨省河流污染问题日益严重。这种污染不仅影响了河流生态系统的健康，也对沿岸居民的生活质量和经济发展造成了负面影响。张俊等（2020）结合中国工业企业库的数据，选取中国七大水系河流沿岸的边界县公司作为样本，探究了跨城市交通可达性的提升对于沿河企业排污的影响。结果表明，交通可达性的提升促进了高污染企业向下游边界县集中，但是对清洁企业的影响不明显。此外，污染效应的加剧主要是由现有污染企业的生产再扩大引起的。

针对由跨城公共交通基础设施建设所引发的河流污染问题，张俊等（2020）提出如下三条政策建议：第一，环保部门应关注相邻省界地区执行水环境质量标准的统一性和合理性。这是为了防止上游地区政府放松边界地区的环保规定，从而与企业合谋将污染设施建立在辖区内的边界位置。这样可以确保水质的统一管理和控制，防止跨界污染的发生。第二，推广跨省流域生态补偿机制。这一机制可以调动上下游地区对全流域水资源保护的积极性，统筹推进全流域联防联控。通过生态补偿，可以激励上游地区更好地保护水资源，减少污染排放，同时也可以为下游地区提供经济补偿，以弥补其因上游污染而遭受的损失。第三，设立区域环保监测、监察和执法机构。这些机构直接由中央环保部门领导，负责加强对交通条件较好的边界地区工业企业的环境检查强度。这样可以确保环保政策的执行力度，及时发现和制止跨界污染行为，保护水资源的安全和生态环境的质量。

综上所述，交通基础设施，尤其是高速公路，对中国经济增长产生了显著影响。通过优化资源配置和提升总量生产率，高速公路建设显著促进了经济增长。然而，随着时间推移，其影响逐渐趋于饱和，且在不同地区、行业和企业之间的效应存在显著差异。因此，政策制定者应综合考虑交通结构的优化、区域经济的协调发展以及环境保护等因素。此外，交通基础设施的建设也伴随着潜在的环境问题，如河流污染等，需要引起重视并采取相应的政策措施进行管理和控制。总体而言，交通基础设施对经济增长的推动作用不容忽视，但其影响具有复杂性和多样性，需要深入研究并制定针对性的政策来实现可持续发展。

7.3　跨国交通基础设施建设

在全球化浪潮的推动下，跨国交通不仅成为连接各国经济的纽带，更在某种程度上决定了全球贸易和经济的走向。本小节聚焦跨国交通的重要性和影响，特别是中欧班列、国道主干线以及互联网与跨境电商等新兴业态的兴起，对于我国经济的影响。接下来，本小节将深入探讨这些交通基础设施如何塑造国际贸易格局，推动经济增长。

首先，中欧班列作为“一带一路”倡议的旗舰项目，其开通与运营不仅重塑了国际贸易的地理格局，还为中国向西开放战略的实施提供了坚实的物流基础。本书实证分析了中欧班列对中国进出口贸易的促进作用，揭示了补贴激励、市场引力等因素在其中的作用机制。同时，通过与中亚班列的对比，进一步凸显了中欧班列在促进价值链产品出口方面的独特优势。

其次，国道主干线的建设，也有助于推动我国企业的出口贸易，其对我国出口贸易的增长产生了深远影响。此外，随着互联网与跨境电商的快速发展，全球价值链体系正在经历深刻的变革。中小企业在这一进程中扮演着重要角色，它们通过利用异质性消费偏好等比较优势，积极参与全球生产链、供应链和价值链，推动了中国经济融入世界经济的进程。

在当前国际经贸环境不确定性增加的背景下，中国外贸新旧动能转换已经释放出强劲动力。新兴的外贸业态不断涌现，中国的外贸竞争新优势初步形成。这些变化不仅体现了中国经济的韧性和活力，也为全球贸易和经济的稳定与发展注入了新的动力。因此，跨国交通在推动全球贸易和经济增长中发挥着不可替代的作用。展望未来，随着技术的不断进步和全球经济的进一步融合，跨国交通将继续发挥其独特优势，为世界经济的繁荣与发展贡献力量。本小节将结合现有的研究成果，分析交通基础设施建设是如何服务于跨国贸易，并促进经济增长的。

首先，随着全球贸易格局的不断演变，中欧班列作为连接欧亚大陆的陆路贸易新通道，其重要性不言而喻。尤其在当前大国经贸摩擦、贸易保护主义抬头以及新冠疫情冲击的复杂环境下，中欧班列成为中国进出口市场多元化的关键力量。它不仅有助于推动“一带一路”倡议的深入实施，更在促进内陆城市“口岸化”、提高企业全球价值链响应速度及降低出口成本方面发挥了重要作用。在此背景下，周学仁和张越（2021）利用2004—2017年中国城市层面的贸易数据和中欧班列开通数据，通过双重差分方法分析了中欧班列开通对贸易增长的影响。研究发现，相较于未开通中欧班列的城市，开通城市的出口和进口均呈现出显著增长。这一增长效应主要得益于补贴激励，并通过铁路、公路和水路的物流规模增长实现传导作用。即使在没有班列补贴的情况下，班列开通数量的增加仍能促进开通城市的进出口增长。此外，市场引力对开通城市进出口增长也有显著的传导作用。另外，值得注意的是，对于中西部城市及经济发展水平较低的城市，开通中欧班列的城市进出口增长效应更为显著。

基于上述研究成果，周学仁和张越（2021）提出了如下政策建议：首先，应继续加大对中欧班列的补贴力度，以激发其贸易增长潜力。其次，应优化物流网络，提高铁路、公路和水路的物流效率，以降低运输成本，进一步增强中欧班列的竞争力。此外，推动中欧班列的市场化运营，利用市场引力促进贸易增长，也是未来发展的重要方向。最后，对于中西部地区和经济发展水平较低的城市，应充分利用中欧班列的开通机遇，加强基础设施建设，提升贸易便利化水平，以实现更为均衡的经济发展。综上所述，中欧班列作为中国进出口增长的新动力，其贸易增长效应显著，对于推动中国贸易强国建设和“一带一路”倡议的深入实施具有重要意义。未来，应继续加强中欧班列的发展和创新，以更好地服务于中国的对外开放和经济发展大局。

刘斌等（2022）则进一步在产品 - 城市层面，更为细致地分析了中欧班列开通对企业出口的影响。为了排除由遗漏变量等问题所造成的内生性问题，研究采用了双重差分法和合成控制法，以中欧班列和中亚班列的开通为准自然实验，从多个维度分析了跨境铁路运输对中国向西开放的影响。研究发现，跨境铁路运输显著促进了中国对欧洲、中亚等国的出口贸易，加快了中国向西开放的步伐。这主要体现在降低市场准入门槛和综合运输成本，进而减少了固定和可变贸易成本。此外，研究还发现，中欧班列对价值链产品的出口促进作用更强，而中亚班列在促进集约边际方面表现更为突出。

基于上述研究发现，刘斌等（2022）提出了进一步发挥跨境铁路运输等基础设施作用的政策建议。首先，应继续加强中欧班列和中亚班列的建设和运营，提高运输效率和服务质量，以更好地促进中国向西开放。其次，应加强与沿线国家的合作，共同推动国际贸易便利化，降低贸易成本，实现互利共赢。最后，应充分利用跨境铁路运输的优势，推动内陆城市的“口岸化”，扩大内陆城市的国际贸易规模，促进中国国际贸易地理空间向西拓展。这些政策建议对于推动中国“稳外贸”具有重要意义。

中欧班列和中亚班列的建设和运营直接促进了中国企业的跨国贸易，而国内基础设施的建设则有助于放大沿海或者沿线地区企业的出口。白重恩和冀东星（2018）在省层面探讨了 1998—2007 年中国大规模建设的国道主干线对出口的影响。该研究利用中国工业企业数据库，通过实证分析的方法，发现国道主干线的建设对沿线地区的出口增长具有显著的促进作用。具体而言，国道主干线经过的地区出口额增长率平均高出其他地区75.3个百分点，且地区与国道主干线距离越近，其出口增长率也相应更高。此外，研究还发现交通成本的下降与出口额增长之间存在正相关关系，即交通成本下降越多的地区，出口额增长率越高。这一发现为交通基础设施的建设对国际贸易产生积极影响提供了有力证据。

不同于白重恩和冀东星（2018）在省层面的分析，刘民权（2018）探讨了交通基础设施在中小企业融入全球生产网络中的作用。作者首先回顾了生产分散化背景下，现代地区性与全球性生产网络和供应链的兴起与发展。在此基础上，作者重点分析了中小企业，特别是发展中国家中小企业在这一过程中的地位和作用。具体来说，作者利用中国省级面板数据，通过实证分析，验证了交通基础设施的改善对中小企业融入地区与全球生产链和供应链的影响。结果表明，交通基础设施的改善显著促进了中小企业的销售额、利润总额、固定资产和劳动力雇佣等方面的增长，从而支持了相关理论判断。此外，该研究还考虑了其他影响因素，如劳动成本上涨、人民币升值和2008年国际金融危机等。这些因素虽然在一定程度上对中国的中小企业产生了影响，但交通基础设施的改善仍然是推动企业业绩提升的关键因素。

基于白重恩和冀东星（2018）以及刘民权（2018）的研究发现，本小节接下来归纳国内交通设施基础建设对于促进中国企业跨国贸易的政策建议。首先，政府应继续加大对交通基础设施的投资力度，特别是在内陆地区，以降低运输成本，促进出口贸易的发展。其次，在规划交通基础设施时，应充分考虑地理特征和地区发展需求，以确保交通网络的优化和高效。最后，政府还应加强与企业的合作，鼓励企业利用交通基础设施的改善，拓展国际市场，提升产品竞争力。这些建议对于推动中国经济的持续健康发展具有重要的指导意义。

综上所述，在经济全球化的背景下，跨国交通作为连接各国经济的纽带，对于国际贸易和经济增长发挥着至关重要的作用。其中，中欧班列作为“一带一路”倡议的旗舰项目，通过降低贸易成本和促进内陆城市“口岸化"，显著促进了中国对欧洲等国的出口贸易。同时，国内交通基础设施的建设，如国道主干线，也对沿线地区的出口增长产生了显著的促进作用。这些交通基础设施的改善不仅降低了运输成本，还提高了企业的全球价值链响应速度，从而推动了中国的贸易增长和经济发展。

展望未来，随着技术的不断进步和全球经济的深度融合，跨国交通将继续发挥其独特优势，为世界经济的繁荣与发展贡献力量。同时，新兴业态如互联网与跨境电商等也将继续推动全球贸易的发展和经济的变革。因此，未来的研究应进一步关注跨国交通与新兴业态的协同发展，以及它们在全球贸易和经济增长中的重要作用。此外，如何优化交通基础设施布局、提高运输效率、降低贸易成本等问题也值得深入研究，以为全球贸易和经济的持续健康发展提供有益的政策启示。

第 8 章
高铁出海

8.1 高铁出海与“一带一路”

中国高铁已成为全球铁路技术领域的佼佼者，其建设和运营经验在全球范围内都具有重要的影响力。在多年的发展历程中，中国高铁积累了丰富的技术和经验，形成了一套独具特色的技术体系和标准。具体地，我国高铁发展的历史可以分为如下三个阶段：第一，自主探索和技术积累阶段。在高铁发展的初期，中国通过自主探索和技术积累，逐步掌握了高铁的核心技术。这一阶段主要依赖于国内专家和科研机构的努力，他们通过反复试验和不断改进，为中国高铁的发展奠定了坚实的基础。第二，引进国外先进技术阶段。为了更好的发展高铁，中国积极引进国外先进技术，与日本、德国、法国等国家的高铁技术进行了深入的交流与合作。通过引进、消化、吸收和再创新，中国高铁在技术上取得了显著的进步。第三，全面自主创新阶段。在掌握了高铁的核心技术之后，中国开始进入全面自主创新阶段。这一阶段主要依赖于国内的高铁企业和科研机构，他们通过自主研发和创新，不断推出新的技术和产品，使中国高铁在技术上保持较为领先的地位。

总的来说，中国高铁通过自主探索、引进国外技术和全面自主创新等方式，积累了丰富的技术和经验，并取得了显著的成果。这些成果为中国高铁的快速发展提供了有力的支撑，也为世界高铁的发展提供了宝贵的经验。随着高铁技术在国内的广泛应用和成熟，因此下一步的发展方向将转向高铁的国际化，即高铁项目的出海。而今，“一带一路”倡议的提出为中国高铁出海提供了重要的战略机遇。接下来，本小节将详细介绍中国高铁的技术与“一带一路”倡议的背景与内涵，以及高铁出海的重要意义。

2000 多年前，张骞两次出使西域，开辟了一条横贯东西、连接欧亚的陆上“丝绸之路”。同样，秦汉时代起，连接我国与欧亚国家的海上“丝绸之路”也逐步兴起。陆上和海上“丝绸之路”共同构成了我国古代与欧亚国家交通、贸易和文化交流的大通道，极大地促进了东西方文明交流和人民之间的友好往来。在当今新的历史时期，沿着陆上和海上“古丝绸之路”构建经济大走廊，不仅为中国，也为沿线国家和地区带来了共同的发展机会，拓展了更加广阔的发展空间。因此，“一带一路”倡议，是中国政府根据国际和地区形势深刻变化，以及中国发展面临的新形势、新任务，致力于维护全球自由贸易体系和开放型经济体系，促进沿线各国加强合作、共克时艰、共谋发展提出的战略构想，具有深刻的时代意义。

高铁出海是我国交通运输领域推进高水平对外开放的重大举措之一。而“一带一路”倡议通过铁路建设等基础设施建设促进互联互通，为高铁出海创造了良好的条件。具体来说，“一带一路”对于高铁出海的促进作用主要体现在以下五个方面。

第一，提升交通运输效率，“一带一路”共建国家的高铁建设有助于缩短运输时间，提高物流效率，降低物流成本，从而增强中国与沿线国家经贸往来的竞争力。第二，扩大市场空间，随着“一带一路”建设的深入推进，中国高铁技术和服务质量不断提升，这将为中国高铁走出国门提供更广阔的市场空间。第三，加强国际合作，通过参与“一带一路”建设，中国高铁企业可以进一步深化国际合作，学习借鉴国际先进经验和技术标准，提升自身实力和国际影响力。第四，带动相关产业升级，“一带一路”共建国家的基础设施建设需求巨大，不仅需要大量的装备制造和工程建设，也需要与之相关的通信、信息技术等方面的支持。这有利于带动相关产业的发展和升级，形成产业链协同发展的格局。第五，提升品牌形象，高铁作为中国高端制造业的重要代表之一，已经成为中国高品质、高科技和高安全的象征。通过积极参与“一带一路”建设，展示中国高铁的技术实力和卓越品质，将会进一步提升中国高铁的品牌形象和市场认可度。

综上所述，“一带一路”倡议通过提升交通运输效率、扩大市场空间、加强国际合作、带动相关产业升级以及提升品牌形象等多重效应，为高铁出海提供了良好的契机和发展前景。未来随着技术的不断进步和政策的持续支持，中国高铁将继续拓展海外市场，为更多的国家和地区提供安全、便捷、高效的交通服务。

8.2 高铁技术与标准

中国高铁经过数十年的发展，已经形成了完整的技术体系和标准，成为全球高铁领域的重要力量。以下将详细介绍中国高铁的技术体系与特点、标准化进程以及在安全与可靠性方面取得的成就。

8.2.1 技术体系与特点

根据路风（2019）介绍，高铁是一种大型技术系统，它具有明显的层级，包括系统的系统（即大型技术系统本身，如高铁）、复杂产品系统（如高速列车）、元件系统（如高速列车的电力牵引系统）和零组件。同时，作为一个大型技术系统，高铁还应用了通信与信号技术，服务于列车的高速运行期间。

虽然“中国高铁的技术体系是在引进、消化、吸收再创新的基础上逐步形成的”，这一说法是来源于中国官方（路风，2019）。即通过引进国外先进技术，结合国内实际情况进行改进和创新，形成具有自主知识产权的技术体系。这一体系包括车辆技术、轨道技术、通信技术、信号技术等多个方面。但实际上，根据路风（2019）的分析，这一说法并不准确，该研究指出，中国铁路装备工业的技术能力基础，是解释中国高铁技术飞速进步的重要因素，中国的创新主要包括以下两点：其一为自主创新为主的技术进步，另一因素则是以高铁替代传统铁路的激进创新。

以中国自主研发的京沪高铁的高速动车组 CRH380A 为例，不同于引入的川崎重工 CRH2 系列的车型，其在车头的空气动力造型、转向架构造、车体强度与网络控制和牵引系统等方面，都存在较大创新（路风，2019）。首先，在车头造型方面，380A 的新头型更重视空气动力性和安全性。其设计过程经历了初步概念形成、仿真分析、风洞模型试验等多个阶段，以确保最终选定的头型在性能上达到最优。其次，在转向架构造方面，由于 380A 的运行时速从 200 公里提升至 350 公里，这对转向架的承载能力、安全舒适性、防震减噪等方面都提出了更高的要求。因此，380A 的转向架进行了重新设计，以适应新的运行条件。再次，在车体强度密封方面，由于 380A 的速度远超 CRH2A，其车体壁板必须能够承受更高的气流压力。为此，开发者通过试验测出了速度数据，并根据这些数据对壁板进行了全新设计，以提高车体的气密承载能力。最后，虽然 380A 的网络控制系统和牵引系统仍采用了日系的标准和系统架构，但在系统设计、升级和集成方面进行了大量的自主开发工作。特别是牵引系统的轴功率得到了显著提升，从 CRH2A 的不到 300 千瓦增加到了超过 400 千瓦。这意味着主要部件如变压器、牵引变流器、电机等都需要重新设计。尽管如此，开发者在设计过程中仍尽量借鉴了 CRH2A 型车的经验，以确保新车的性能和可靠性。

在自主创新的驱动下，中国高铁在车辆技术方面，采用了轻量化设计、高强度材料和先进的制造工艺，使车辆具有更高的运行速度和更好的乘坐舒适性。中国的高速动车组，如复兴号系列，采用了流线型外观、低空气阻力和高效能电动机等设计，以减小高速运行时的阻力并提高能效。同时，复兴号动车组还采用了全新的低阻力流线型头型和车体平顺化设计，以及轻量化设计和新材料应用，这些都有助于降低能耗并提升运行速度。

在轨道技术方面，中国高铁采用了无缝钢轨、高速道岔等先进技术，提高了轨道的平顺性和稳定性。同时，通过优化轨道结构和采用先进的轨道维护技术，中国高铁实现了高速度、高密度、高安全性的运输目标。

在通信和信号技术方面，中国高铁采用了先进的无线通信技术和列车控制系统，确保了车地之间的高速数据传输和精确控制。这些技术的应用不仅极大地提高了列车的运行效率和安全性，还为乘客提供了更加便捷的服务。

8.2.2 高速铁路标准化

中国高铁标准化的历程是一个复杂且不断演进的过程，其背后涉及技术、政治和经济等多重因素。这一过程始于中国高速列车技术的早期发展阶段，当时迫切需要统一各种标准。最初，中国从四个外国企业中引进了不同的车型，这些车型各有标准，且存在对中国应用场景的适配性问题。同时，国内自主开发的380A和380B动车组也存在不能重联的问题，技术配置和产品配套规格的不统一给运营管理带来了诸多不便。

为了解决这些问题，中国铁路总公司从2012年开始组织有关制造企业、高校和科研院所讨论并制定高铁标准。标准动车组项目的开发旨在打造适合中国国情、路情的高速动车组设计、制造平台，实现高速动车组技术的全面自主化。经过几年的努力，时速350公里的标准动车组于2015年6月30日正式上线，并于2017年6月25日被正式命名为“复兴号”。随后，中国铁路总公司逐步公布了“复兴号”的车型谱系，包括时速350公里、250公里和160公里的三个速度等级。目前，“复兴号”已经全面上线，逐渐替代了以前的各种动车组，380系列动车也已经停产。

在这一过程中，中国铁路总公司逐渐重夺了高铁技术的主导权。在项目早期阶段，南车和北车两个集团的车型存在差异，但在确定技术方案时，中国铁路总公司作为唯一的用户和运行考核的主持者，具有最终的决策权。随着项目的进展，中国铁路总公司逐渐成为组织者和技术决策者，负责审查关键技术的规格和参数。因此，尽管统一标准本身并不意味着系统集成者一定要主导列车技术的开发，但中国铁路总公司通过“统一标准”来决定高速列车的所有技术方案，从而重夺了高铁技术的主导权。

然而，这一过程中也涉及部门之间的“摩擦”和“政绩竞争”。例如，科技部对于开发标准动车组持不同立场，认为应该在380系列的基础上继续进步，而回过头来做标准动车组，实际上又回调了一些性能指标。这反映了不同部门在政绩考虑和技术路线选择上的差异。尽管如此，380系列动车组作为中国高铁技术发展的转折点和里程碑，为标准动车组的开发奠定了基础。

最终，中国标准动车组的研制成功不仅提升了中国企业在国际市场上的竞争力，也为中国高铁海外战略目标提供了技术支撑。通过推行“总体战略”，中国铁路总公司希望以高速动车组出口为突破口，带动工务工程、牵引供电、通信信号、运营管理等成套技术“走出去”，实现全产业链的国际化发展。这一过程不仅体现了中国高铁技术的进步和创新能力的提升，也展示了中国在全球高铁领域的领导地位和影响力。

在标准化进程方面，中国高铁首先建立了完善的标准体系。这一体系包括基础标准、技术标准、管理标准等多个方面，涵盖了高铁建设、运营、维护等各个环节。这些标准的制定和实施为中国高铁的规范化发展提供了有力保障。

同时，中国高铁积极参与国际标准化工作。通过与国际标准化组织（ISO）等国际机构的合作，中国高铁将自身的技术和经验转化为国际标准，推动了国际高铁技术的共同进步。例如，中国主导的《高速铁路设计规范》等标准已经成为国际标准，为全球高铁建设提供了重要参考。

此外，中国高铁还注重标准的推广和应用。通过在国内外的高铁项目中广泛应用中国标准，提高了中国高铁在国际市场的竞争力。同时，中国高铁还积极开展技术交流和培训活动，帮助其他国家了解和掌握中国高铁技术，推动了高铁技术的全球传播和应用。

8.2.3　安全性与可靠性

安全性与可靠性是高铁运营的关键要素。中国高铁在设计与运营过程中始终将安全放在首位，通过采用先进的技术和管理手段，确保了高铁的安全设计和运营可靠性。

中国高铁的发展历程既充满挑战，也见证了技术的不断进步和安全性的持续提升。然而，在这一过程中，也发生过一些引人关注的安全事故，例如，2011 年发生的甬温线动车组撞车事故。当时，这起事故造成了重大人员伤亡和财产损失，引起了社会的广泛关注和舆论哗然。该事故的原因是多方面的，包括设备故障、人为操作失误等。这一事件对中国高铁的形象和信誉造成了严重打击，也引发了公众对高铁安全性的担忧。

然而，中国政府和铁路部门并没有因此气馁，而是采取了一系列积极措施来提高高铁建设的安全性。他们加大了对高铁技术的研发和创新力度，提升了设备的可靠性和安全性；加强了对高铁从业人员的培训和管理，提高了他们的专业素养和安全意识；同时，还加强了对高铁线路的维护和检修工作，确保线路的安全畅通。通过这些努力，中国高铁在安全性方面取得了显著的提升。如今的中国高铁已经成为世界上最安全、最便捷的高速交通工具之一，为人们的出行提供了极大的便利和舒适体验。

在安全设计方面，中国高铁采用了严格的安全标准和规范。例如，在车辆设计过程中，注重车辆结构的合理性和材料的选用，确保车辆具有足够的强度和稳定性；在轨道设计过程中，注重轨道结构的优化和维护保养，确保轨道的平顺性和稳定性；在通信和信号设计过程中，注重系统的可靠性和抗干扰能力，确保信息在列车运行时的安全和准确。

在运营可靠性方面，中国高铁建立了完善的运营管理体系。通过采用先进的列车控制系统和智能化调度手段，实现了对列车运行的精确控制；通过加强设备维护和检修工作，确保了设备的正常运转和使用寿命；通过加强人员培训和管理，提高了员工的业务水平和安全意识。这些措施共同保障了中国高铁的运营可靠性。

此外，中国高铁还注重应急管理和事故处理工作。通过建立完善的应急预案和事故处理机制，确保了在紧急情况下能够迅速响应并妥善处理各类事故和突发事件。这些措施为中国高铁的安全运营提供了有力保障。

8.3 高铁出海历程

8.3.1 安伊高铁

安伊高铁，作为连接土耳其首都安卡拉与最大城市伊斯坦布尔之间的重要交通动脉，不仅是土耳其国内的一项重大基础设施项目，更是中国高铁技术“出海”的标志性工程。其中，二期工程的建设历程尤为引人关注，它见证了中国与土耳其两国在高铁领域的深度合作与共赢。

安伊高铁二期工程的订单金额高达12.7亿美元，这一巨额订单在当时引起了国际社会的广泛关注。如此大规模的海外高铁项目，对于中国高铁行业来说，既是一次难得的机遇，也是一次严峻的挑战。该订单合同的签署不仅标志着中国高铁技术正式进入土耳其市场，而且预示着中国高铁将在国际舞台上扮演更加重要的角色。

安伊高铁二期工程的建设经历了一系列挑战和复杂情况。自 2005 年中国铁建股份有限公司牵头组成的合包集团成功中标后，项目便进入了紧张的筹备阶段。然而，由于项目穿越地区地形复杂，地质结构多变，加之土耳其当地的气候、文化、法律等因素与中国存在较大差异，因此在实际建设过程中遇到了诸多困难。

首先，安伊高铁二期工程桥隧比高达 42%，这意味着有将近一半的路程需要穿越山脉、河流等自然障碍。中国建设团队在这一过程中充分体现了“逢山开路，遇水架桥”的决心和能力，凭借丰富的施工经验和先进的技术装备，成功攻克了一个又一个技术难关。

其次，整个项目还面临着设计文件批复、信号技术房和变电所征地、车辆安全调度等一系列难题。这些问题涉及土耳其政府的多个部门和当地社区的利益，因此协调起来非常困难。为了解决这些问题，中国团队与土耳其方面进行了长达数月的艰苦谈判和沟通协调，最终达成了共识，为项目的顺利进行扫清了障碍。

最后，在全体建设者的共同努力下，安伊高铁二期工程自 2008 年开始施工，并于 2014 年 7 月全线建成通车。这期间，中国团队克服了无数困难，展现了他们的专业素养和坚忍不拔的精神。他们的辛勤付出和无私奉献，为安伊高铁的顺利建成奠定了坚实的基础。

另外，安伊高铁二期工程自 2014 年 7 月全线建成通车以来，其运营状况一直备受关注。作为土耳其国内首条高速铁路，安伊高铁的开通不仅大大缩短了安卡拉与伊斯坦布尔之间的通行时间，还促进了沿线地区的经济发展和旅游业的繁荣。

在运营初期，安伊高铁就以其高效、便捷、舒适的服务赢得了广大乘客的青睐。随着客流量的不断增长，安伊高铁逐渐成为土耳其国内最重要的交通干线之一。为了满足日益增长的客运需求，土耳其政府还计划在未来对安伊高铁进行扩建和升级，进一步提升其运输能力和服务水平。

同时，安伊高铁的成功运营也为中国高铁在国际市场上赢得了良好的声誉和口碑。许多国家和地区纷纷向中国表达了合作建设高铁的意愿和诉求，希望借助中国先进的高铁技术和管理经验来推动本国交通基础设施的建设与发展。

8.3.2 南非

在 2012 年，中国的高铁和电力机车制造业正处于蓬勃发展的阶段。中国南车旗下的株洲电力机车有限公司（简称“株机厂”），为了进一步扩大国际市场份额，积极参与了南非国家交通运输集团（Transnet）的电力机车采购招标。这次招标吸引了全球多家知名的电力机车制造商参与，竞争异常激烈。株机厂面临着来自 8 家强大竞争对手的挑战，这些竞争对手都拥有丰富的国际经验和先进的技术实力。

同时，南非铁路的运营环境也给株机厂带来了技术上的挑战。南非铁路采用的是窄轨（轨距 1065 毫米），这对机车的平衡性、稳定性要求更高。此外，南非铁路的电网是 25 千伏交流电压和 3 千伏直流电压交错，这就要求机车采用“双流制”，能够在在电压交错路段进行电流切换并保持运行。这些技术要求对株机厂来说是一个全新的挑战。

为了赢得订单，株机厂充分发挥了自身的技术优势和创新能力。首先，针对南非铁路的特殊要求，株机厂专门为南非设计了全新的 21E 型电力机车。这款机车采用了先进的技术和设计理念，满足了南非铁路对平衡性、稳定性和双流制的要求。其次，株机厂还创新地提出了由电力机车向内燃机车发送无线指令的方案。这一方案使电力机车能够与内燃机车实现协同工作，提高了列车的运行效率和安全性。这一创新方案得到了南非国家交通运输集团的认可和赞赏。最后，株机厂在激烈的国际竞争中脱颖而出，成功击败了 8 家竞争对手并赢得了南非国家交通运输集团的 95 台 21E 型电力机车订单，总价值近 4 亿美元。虽然这一金额相对于近年来中国高铁出海的其他项目相比较小，但这是中国电力机车首次出口到非洲，也是中国当时获得的最大的电力机车海外订单。

株机厂赢得南非 95 台 21E 型电力机车订单的成功案例，是中国高铁和电力机车制造业国际化进程中的一个重要里程碑。它显示了中国制造在国际市场上的竞争力和创新能力，也为中国高铁和电力机车制造业的进一步发展奠定了坚实的基础。展望未来，我们相信中国高铁和电力机车制造业将继续在国际市场上取得更多的突破和成就。

8.3.3 雅万高铁

雅万高铁，是中国高铁走出国门的第一单，其竞标与动工历程可谓一波三折，充满了挑战与机遇。

早在 2000 年初，印度尼西亚政府就意识到了国内交通基础设施的滞后，特别是雅加达与万隆之间的交通瓶颈问题。为了改善这一状况，印度尼西亚政府决定引入外部资金和技术，建设一条连接两大城市的高速铁路。该消息一出，立即引起了国际高铁巨头们的关注。其中，包括日本、德国、法国等在内的多个国家的高铁企业都表示了对该项目的浓厚兴趣。这些国家的高铁技术成熟，经验丰富，且在国际市场上有着良好的口碑。因此，对于中国高铁来说，要想在激烈的竞争中脱颖而出，难度可想而知。

然而，中国高铁并没有因此而退缩，反而充分发挥了自身的技术优势和创新能力，针对印度尼西亚的特殊国情和需求，提出了一系列具有针对性的解决方案。这些方案不仅在技术上具有先进性，而且在经济性和可行性方面也表现出色。

此外，在竞标过程中，中国高铁团队与印度尼西亚政府进行了深入的沟通和交流。他们详细介绍了中国高铁的发展历程、技术特点、运营经验以及未来的发展规划。同时，他们还积极回应了印度尼西亚政府对于项目安全性、可靠性、经济性等方面的关切和疑问。通过这些努力，中国高铁团队逐渐赢得了印度尼西亚政府的信任和认可。

在雅万高铁的竞争过程中，中国和日本是两大主要竞争者。这一项目的竞争始于 2008 年，当时日本积极推动印度尼西亚的高铁项目，希望能在东南亚地区赢得这一重要的基础设施合同。日本在高铁技术、经验、资金和市场等方面拥有显著优势，因此在竞标初期，日本被外界普遍认为是最有可能赢得合同的竞争者。然而，随着中国的加入，竞争变得更加激烈。中国在高铁技术方面也取得了显著的成就，并且拥有丰富的高铁建设经验。此外，中国还提出了一系列优惠方案，包括低利率和其他贷款优惠，以吸引印度尼西亚政府的注意。值得注意的是，相对于中国方案提出的2%的贷款利率，日本提供了更低的贷款利率（0.1%），但是最终日本并没有因此获得订单。这可能是因为日本的方案要求印度尼西亚政府自筹25%的资金，而中国并没有此要求。此外，日本方案预计要8年完成雅万高铁的建设，相比之下，中国提出了仅需3年的更加迅速的建设计划。

尽管日本在技术和经验方面具有优势，但在价格竞争和综合方案比较中，显然中国方案更胜一筹。最终，在同年9月，中国方案赢得了印度尼西亚政府的青睐，成功获得了雅万高铁的建设合同。这一消息传出后，立即引起了国际社会的广泛关注和热议。许多人认为，这是中国高铁走向国际市场的重要里程碑，也是中国制造业实力在国际上的一次重要展示。

竞标成功后，中国高铁团队并没有因此而松懈。相反，他们更加努力地投入到了雅万高铁的建设工作中去。然而，建设工作并不是一帆风顺的。由于印度尼西亚特殊的气候和地形条件，以及当地复杂的社会环境，给建设工作带来了诸多困难和挑战。

首先，印度尼西亚常年高温高湿的气候条件对高铁列车的运行和维护提出了更高的要求。为了应对这一挑战，中国高铁团队对列车进行了特殊的设计和改造，提高了其适应性和可靠性。同时，他们还加强了与当地气象部门的合作，及时掌握天气变化情况，确保列车的安全运行。

其次，印度尼西亚复杂的地形条件也给建设工作带来了很大的困难。特别是雅万高铁沿线需要穿越多个山脉和河流，地质条件十分复杂。为了克服这些困难，中国高铁团队采用了先进的勘测技术和施工方法，确保了工程的顺利进行。同时，他们还积极与当地民众沟通交流，争取到了他们的理解和支持。

最后，印度尼西亚复杂的社会环境也给建设工作带来了一定的风险。特别是当地的一些非法武装组织和犯罪团伙经常对工程项目进行干扰和破坏。为了应对这些风险，中国高铁团队加强了与当地政府和警方的合作，加大了安保力度，确保了工程项目的安全进行。

经过数年的艰苦努力，雅万高铁终于顺利完工并投入运营。这条高速铁路不仅大大缩短了雅加达与万隆之间的通行时间，提高了客货运输效率，还为印度尼西亚的经济发展和社会进步作出了重要贡献。同时，它也提升了中国高铁在国际市场上的形象和口碑，为中国制造业的进一步发展奠定了坚实的基础。

回顾雅万高铁的竞标与动工历程，我们可以发现其中充满了机遇与挑战。展望未来，随着“一带一路”倡议的深入推进和全球基础设施建设的蓬勃发展，中国高铁有望在国际市场上取得更大的突破和成就。我们相信在不久的将来会有更多的国家和地区选择与中国合作共同推动当地交通基础设施的建设与发展。同时我们也期待中国高铁能够不断创新与进步为全球乘客提供更加安全、舒适、便捷的出行体验。

8.3.4　中老昆万铁路

中老昆万铁路是首条以中方为主投资建设、全线采用中国技术标准、使用中国装备并与中国铁路网直接连通的国际铁路。项目总投资 505.45 亿元人民币，预计工期为 5 年。项目于 2015 年 11 月 13 日签约，此举标志着其正式进入实施阶段。①

中老昆万铁路，全称为中老缅泰四国铁路（昆明至万象）是连接中国昆明市和老挝首都万象的国际铁路项目，也是中老两国合作的重要项目之一。中老昆万铁路由昆玉段、玉磨段、磨万段组成，其中昆玉段由昆明南站至玉溪站，全长 79 千米，设计速度 200 千米/小时；玉磨段由玉溪站至磨憨站，全长 507 千米，设计速度 160 千米/小时；磨万段由磨丁站至万象南站，全长 418 千米；设计速度 160 千米/小时。

中老昆万铁路建设历程可以概括为以下几个阶段。

昆玉段建设（昆明南站至玉溪站）：2010 年 5 月，昆明东南环铁路（今中老昆万铁路昆玉段部分）开工建设。2016 年，昆玉河铁路昆玉段完成冷滑检测试验、联调联试，并于 12 月通车运营。2021 年 11 月，昆玉河铁路昆玉段并入中老昆万铁路。

玉磨段建设（玉溪站至磨憨站）：2013 年至 2015 年，经过预可研审查、项目建议书批复和可行性研究报告批复等前期工作。2016 年 4 月，玉磨段开工建设。随后几年，玉磨段经历了电气化建设、铺轨、弱电工程开

① 中国一带一路网，https：//www.yidaiyilu.gov.cn/p/186738.html。

工、整体道床铺轨、架设接触网导线等关键节点。2021 年，玉磨段完成隧道贯通、静态验收、接触网平推验收、动态检测、试运行和满图运行，最终于 12 月通车运营。

磨万段建设（磨丁站至万象南站）：2015 年 12 月，磨万段举行开工奠基仪式。随后几年，磨万段完成了隧道贯通、焊轨基地投产、供电项目开工、接触网导线架设等关键工程。2021 年，磨万段完成外部供电、站房施工、弱电工程静态验收、动态检测等，并于 12 月与中老昆万铁路其他段落同步通车运营。

最终，在 2021 年 12 月，中老昆万铁路全线通车运营，成为连接中国和老挝的重要国际通道。

此外，在 2023 年 4 月，中老昆万铁路开通昆明南至万象站双向运行的跨境客运列车，并开行国际旅客列车。随后几个月，中老昆万铁路在客货运输方面持续提质增量，累计发送旅客和货物数量均显著增长。根据《人民日报》报道，截至 2023 年 5 月 23 日，中老昆万铁路累计发送旅客 1600 万人次，其中出入境旅客超 2 万人次。① 另根据央视网报道，2023 年全年，昆明海关累计监管验放经中老昆万铁路进出口货运量达 421.77 万吨，同比增长 94.91%。

中老昆万铁路还不断拓展国际合作，例如开通北京至万象旅游专列，打通“中老铁路 + 中欧班列”国际铁路运输大通道等。中老昆万铁路的建设历程是一个攻坚克难、精益求精的历程。它的通车极大地促进了中国和老挝两国的经济交流和人员往来，为地区互联互通和共同发展注入了新的动力。

8.3.5 匈塞铁路

匈塞铁路，是一条连接匈牙利共和国首都布达佩斯和塞尔维亚共和国首都贝尔格莱德的双线电气化客货共线高速铁路，同时也是中国与中东欧国家共建“一带一路”的重点项目。2013 年 11 月，中匈塞三国总理在第二次中国 – 中东欧国家领导人会晤期间共同宣布建设匈塞铁路。匈塞铁路

---

① 人民日报 https://baijiahao.baidu.com/s?id=1766728353052158164&wfr=baike。

是中国 - 中东欧国家合作旗舰项目、欧洲交通走廊、中欧互联互通合作和中欧陆海快线的重要组成部分，也是共建“一带一路”倡议与欧洲发展战略对接的重大合作项目。

匈塞铁路北起布达佩斯，南至贝尔格莱德，全长 350 千米。全程分为匈牙利段和塞尔维亚段，其中塞尔维亚段又分为贝尔格莱德至旧帕佐瓦段（贝旧段）、旧帕佐瓦至诺维萨德段（旧诺段）、诺维萨德至苏博蒂察边境段（诺苏段）。

该项目是中国 - 中东欧国家合作的标志性项目，也是中国铁路技术和装备与欧盟铁路互联互通技术规范的对接。项目的建设不仅有利于完善亚欧大陆整体交通网络，还将为中欧班列提供一条全新的国际通道，对促进中欧经贸合作具有重要意义。

2022 年 3 月 19 日，标志着匈塞铁路重要里程碑的贝诺段正式投入运营。在当天的上午 11 点左右，一列搭载着 270 名乘客的崭新列车从塞尔维亚的首都贝尔格莱德启程，风驰电掣地驶向诺维萨德。这趟具有历史意义的列车上，还荣幸地迎来了塞尔维亚总统亚历山大 · 武契奇和匈牙利总理欧尔班 · 维克托的莅临。

这条铁路线的设计速度令人瞩目，达到了每小时 200 千米，相较于过去那缓慢的 40 ~ 50 公里时速，可谓是天壤之别。如今，乘客们只需 33 分钟，便能从贝尔格莱德轻松抵达诺维萨德。更令人欣喜的是，车票价格亲民，仅需 300 塞尔维亚第纳尔，折合人民币约 17.9 元。

自匈塞铁路贝诺段开通以来，其高效便捷的服务，受到了广大乘客的认可。为了满足乘客旺盛的出行需求，每天从清晨5：30 到夜晚的10：30，有 50 多列动车组列车穿梭在匈塞铁路上。据统计，匈塞铁路日均发送旅客数量已超过 8200 人次，而在高峰日，这一数字更是攀升至 14400 人次。在过去的一年里，累计运送的旅客数量已突破 293 万人次，充分展现了这条铁路线的巨大运输潜力和受欢迎程度。

作为中国铁路建设和运营的代表作之一，“匈塞铁路”使得中国品牌的影响力不断提升。目前，中国已与多个国家开展了铁路领域的国际产能合作，通过互建基础设施、开展跨国运输等实际行动，不断深化各国对中国铁路技术的认知和信任。未来，随着更多项目的落地实施以及相关政策的出台，“一带一路”沿线国家的交通运输领域或将迎来更多的发展机遇。

8.3.6 阿根廷城际铁路

阿根廷首都布宜诺斯艾利斯至罗萨里奥的高速铁路项目，又称作“贝尔格拉诺货运铁路改造项目”，是阿根廷铁路网的重要组成部分。这条铁路线起始于阿根廷首都布宜诺斯艾利斯，穿越经济最为发达的潘帕斯草原农业产区，直至重要港口城市罗萨里奥，全长700公里，是阿根廷最主要的农产品、矿产运输线路，服务于全国40%的人口。

然而，原有的铁路设施老化严重，列车时速只能达到30公里左右，远远不能满足阿根廷的经济发展需求。因此，阿根廷政府决定对这一铁路线进行现代化改造，并寻求国际合作伙伴。

在这一背景下，中国企业凭借丰富的铁路建设经验和先进的技术实力，成功获得了该项目的建设权。2013—2014年，中国机械设备工程股份有限公司与阿根廷政府签署了贝尔格拉诺货运铁路改造项目的总承包合同，合同金额约为24.7亿美元。阿根廷交通部先后两次向中国下单，共采购了700多辆城际列车动车组，这是当时中国高端轨道装备出口的最高纪录。这些列车在交付后，迅速投入运营，为阿根廷的交通运输注入了新的活力。该项目也成为中国企业在阿根廷签约的最大工程项目，同时也是中阿两国在“一带一路”框架下开展的重要合作项目之一。

目前，布宜诺斯艾利斯至罗萨里奥的高速铁路项目正在紧张有序地推进中。中国企业克服了诸多困难，展现了他们的专业能力和敬业精神，赢得了阿根廷政府和民众的高度认可。该项目的建成将大大提升阿根廷的铁路运输能力，缩短布宜诺斯艾利斯至罗萨里奥的旅行时间，促进沿线地区的经济发展。同时，该项目还将为阿根廷创造大量的就业机会，提升当地民众的生活水平。

总的来说，布宜诺斯艾利斯至罗萨里奥的高速铁路项目是中阿两国在铁路领域的重要合作项目，也是中国高铁技术“出海”的又一重要成果。该项目的建成将对阿根廷的交通运输和经济发展产生深远影响，也将为中国高铁在国际市场上树立新的标杆。

此外，在前期建设顺利推进的基础上，中车青岛四方机车车辆股份有限公司（简称“中车四方”）再次在国际市场上取得显著成果。阿根廷当地时间 2018 年 4 月 23 日，中车四方与阿根廷交通部在布宜诺斯艾利斯隆重签署了罗卡线 20 辆城际动车组及配件的供货合同，合同总金额高达 2.78 亿美元。值得一提的是，这是中车四方在阿根廷赢得的第三批城际动车组出口订单，充分体现了中车四方在铁路车辆制造领域的卓越实力和国际竞争力。

此次签约的罗卡线城际动车组项目，是中车四方继之前成功交付的多个项目后，再次为阿根廷提供的先进铁路交通解决方案。罗卡线作为连接阿根廷首都布宜诺斯艾利斯与周边重要城市的主要交通干线，承载着大量的客运需求。中车四方将为罗卡线提供 200 辆全新的城际动车组及配件，这些车辆将采用最新的技术和设计，以确保高效、安全、舒适的运营。

总的来说，此次罗卡线城际动车组项目的成功签约，不仅进一步巩固了中车四方在阿根廷市场的地位，也为中国高铁“出海”战略增添了新的亮点。未来，中车四方将继续秉承“质量为本、创新为魂”的理念，致力于为全球客户提供更先进、更可靠的铁路交通解决方案，为推动世界铁路交通事业的发展贡献中国力量。

8.4　高铁出海未来

随着“一带一路”倡议的深入推进和全球基础设施建设的蓬勃发展，中国高铁作为“国家名片”之一，在国际市场上逐渐展现出强大的竞争力。中国高铁出海不仅是中国制造走向世界的重要标志，也是中国铁路技术、装备和管理经验国际化的重要途径。

近年来，中国高铁在海外市场取得了一系列重大突破。从东南亚的雅万高铁、中老昆万铁路，到欧洲的匈塞铁路、莫斯科－喀山高铁，再到非洲的尼日利亚沿海铁路、肯尼亚蒙内铁路等，中国高铁已经遍布亚洲、非洲、欧洲和拉美等多个地区。这些项目的成功实施，不仅提升了中国高铁的国际知名度，也为中国高铁技术的进一步推广和应用奠定了坚实的基础。

随着全球经济的复苏和发展中国家城市化进程的加速，未来高铁市场的需求将持续增长。尤其是在亚洲、非洲和拉美等地区，这些地区基础设施建设滞后且交通拥堵问题日益严重，对高铁项目的需求将更加迫切。此外，随着全球气候变化和环境问题的日益突出，低碳、环保、高效的高铁交通方式将越来越受到各国的青睐。值得肯定的是，中国高铁凭借先进的技术、丰富的经验和优质的服务，有望在这些地区获得更多的市场份额。

中国高铁之所以能够在国际市场上取得成功，主要得益于其在技术创新方面的不断突破和优势积累。未来，随着科技的不断进步和创新能力的提升，中国高铁将在智能化、绿色化、安全性等方面取得更多的突破。例如，通过运用大数据、云计算、物联网等现代信息技术，实现高铁运营的智能化和自动化；通过采用新能源、新材料等环保技术，降低高铁运营的能耗和排放；通过加强安全管理和风险控制，确保高铁运营的安全可靠。这些技术创新将进一步提升中国高铁的国际竞争力，使其在海外市场上的优势更加明显。

当然，尽管中国高铁出海前景广阔，但同样面临着诸多挑战。如国际政治经济环境的复杂多变、竞争对手的激烈竞争、项目所在国的法律法规和文化差异等。为应对这些挑战，中国高铁需要采取以下策略：一是加强与国际组织的合作，积极参与国际标准的制定和修订工作，提高中国高铁在国际舞台上的话语权和影响力；二是加强与当地政府和企业的沟通与合作，深入了解当地市场需求和文化背景，制定符合当地实际情况的市场策略和发展规划；三是加强人才培养和团队建设，提高国际化经营能力，打造一支懂技术、会管理、善经营的国际化人才队伍；四是加强风险管理和防范工作，建立健全风险管理体系和应急机制，确保项目的顺利实施和安全运营。

综上所述，中国高铁出海未来具有广阔的市场前景和巨大的发展潜力。在市场需求持续增长、技术创新不断提升竞争力的背景下，中国高铁有望在全球范围内取得更大的突破和发展。但同时，也需要清醒地认识到所面临的挑战和困难，采取积极有效的应对策略，确保出海之路的顺利推进。展望未来，我们期待中国高铁在国际舞台上绽放出更加耀眼的光芒，为全球经济发展和人类文明进步贡献更多的中国智慧和中国力量！

参考文献

白重恩，冀东星，2018. 交通基础设施与出口：来自中国国道主干线的证据［J］. 世界经济（1）：101－122.

卞元超，吴利华，白俊红，2019. 高铁开通是否促进了区域创新［J］. 金融研究（6）：132－149.

步晓宁，张天华，张少华，2019. 通向繁荣之路：中国高速公路建设的资源配置效率研究［J］. 管理世界（5）：44－63.

陈晓佳，徐玮，安虎森，2021. 交通结构、市场规模与经济增长［J］. 世界经济（6）：72－96.

陈勇兵，李燕，周世民，2012. 中国企业出口持续时间及其决定因素［J］. 经济研究（7）：48－61.

褚竹君，黄先海，王煌，2019. 交通基础设施改善促进了企业创新吗？基于高铁开通的准自然实验［J］. 金融研究（11）：153－169.

董艳梅，朱英明，2016. 高铁建设的就业效应——基于中国285个城市倾向匹配倍差法的证据［J］. 经济管理（11）：26－44.

杜兴强，彭妙薇，2017. 高铁开通会促进企业高级人才的流动吗？［J］. 经济管理（12）：89－107.

范剑勇，冯猛，李方文，2014. 产业集聚与企业全要素生产率［J］. 世界经济（5）：51－73.

胡鞍钢，刘生龙，2011. 交通基础设施与中国区域经济一体化［J］. 经济研究（3）：72－82.

黄玖立，徐旻鸿，2012. 境内运输成本与中国的地区出口模式［J］. 世

界经济 (1): 58 - 77.

吉赟, 杨青, 2020. 高铁开通能否促进企业创新: 基于准自然实验的研究 [J]. 世界经济 (2): 147 - 166.

江小涓, 2002. 中国出口增长与结构变化: 外商投资企业的贡献 [J]. 南开经济研究 (2): 30 - 34.

亢梅玲, 马丹, 2017. 高速公路对中国出口贸易发展的影响研究 [J]. 国际商务 (对外经济贸易大学学报) (4): 38 - 48.

李涵, 黎志刚, 2009. 交通基础设施投资对企业库存的影响——基于我国制造业企业面板数据的实证研究 [J]. 管理世界 (8): 73 - 80.

李涵, 唐丽淼, 2015. 交通基础设施投资、空间溢出效应与企业库存 [J]. 管理世界 (4): 126 - 136.

李红, 张珺, 欧晓静, 2018. 中国高速铁路区际人口流的异质性初探——基于南广与贵广高铁的调研问卷调查 [J]. 广西大学学报 (9): 80 - 87.

李兰冰, 阎丽, 黄玖立, 2019. 交通基础设施通达性与非中心城市制造业成长: 市场势力、生产率及其配置效率 [J]. 经济研究 (12): 182 - 197.

李祥妹, 刘亚洲, 曹丽萍, 2014. 高速铁路建设对人口流动空间的影响研究 [J]. 中国人口·资源与环境 (6): 140 - 147.

李欣泽, 纪小乐, 周灵灵, 2017. 高铁能改善企业资源配置吗? ——来自中国工业企业数据库和高铁地理数据的微观证据 [J]. 经济评论 (6): 3 - 21.

李新光, 黄安民, 2018. 高铁对县域经济增长溢出效应的影响研究——以福建省为例 [J]. 地理学报 (3): 233 - 241.

林伯强, 杜之利, 2018. 中国城市车辆耗能与公共交通效率研究 [J]. 经济研究 (6): 142 - 156.

刘斌, 李秋静, 李川川, 2022. 跨境铁路运输是否加快了中国向西开放? ——基于城市—产品层面的经验证据 [J]. 管理世界 (8): 101 - 118.

刘秉镰, 刘玉海, 2011. 交通基础设施建设与中国制造业企业库存成本降低 [J]. 中国工业经济 (5): 69 - 79.

刘秉镰, 武鹏, 刘玉海, 2010. 交通基础设施与中国全要素生产率增长——基于省域数据的空间面板计量分析 [J]. 中国工业经济 (3): 54 - 64.

刘冲，周黎安，2014．高速公路建设与区域经济发展：来自中国县级水平的证据［J］．经济科学（2）：55－67.

刘民权，2018．全球化中的中国中小企业：交通基础设施的作用［J］．金融研究（4）：121－137.

刘荃，端木和峰，2010．基础设施产业投资的经济影响与决策——基于省际面板数据的检验［J］．经济研究导刊（35）：64－65.

刘晓光，张勋，方文全，2015．基础设施的城乡收入分配效应：基于劳动力转移的视角［J］．世界经济（3）：145－170.

龙小宁，高翔，2014．交通基础设施与制造业企业生产率——来自县级高速公路和中国工业企业数据库的证据［J］．华中师范大学学报：人文社会科学版（5）：43－52.

鲁晓东，连玉君，2012．中国工业企业全要素生产率估计：1999－2007［J］．经济学（季刊）（11）：541－558.

路风，2019．冲破迷雾——揭开中国高铁技术进步之源［J］．管理世界（9）：164－194＋200.

马明，薛晓达，2018．交通基础设施、人力资本对区域创新能力影响的实证研究［J］．北京理工大学学报（1）：95－101.

荣朝和，2018．互联网共享出行的物信关系与时空经济分析［J］．管理世界（4）：101－112.

盛丹，包群，王永进，2011．基础设施对中国企业出口行为的影响："集约边际"还是"扩展边际"［J］．世界经济（1）：17－36.

施震凯，邵军，浦正宁，2018．交通基础设施改善与生产率增长：来自铁路大提速的证据［J］．世界经济（6）：127－151.

宋冬林，姚常成，2019．高铁运营与经济协调会合作机制是否打破了城市群市场分割——来自长三角城市群的经验证据［J］．经济理论与经济管理（2）：4－14.

孙传旺，罗源，姚昕，2019．交通基础设施与城市空气污染——来自中国的经验证据［J］．经济研究（8）：136－151.

孙广召，黄凯南，2019．高铁开通对全要素生产率增长率的异质性影响分析［J］．财经研究（5）：84－98.

孙会君，杨爽，吕莹，等，2023. 数据驱动下共享出行资源配置的双层博弈问题研究［J］. 管理世界（4）：160－175.

孙伟增，何磊磊，2022. 职住分离、时间挤出与企业生产效率［J］. 经济学（季刊）（4）：1147－1168.

谭莹，张勋，张睿，等，2022. 中国交通基础设施的投资回报率：理论、方法与估算［J］. 世界经济（3）：3－27.

唐宜红，林发勤，2009. 异质性企业贸易模型对中国企业出口的适用性检验［J］. 南开经济研究（6）：88－99.

唐宜红，俞峰，林发勤，等，2019. 中国高铁、贸易成本与企业出口研究［J］. 经济研究（7）：158－173.

王永进，黄青，2017. 交通基础设施质量、时间敏感度和出口绩效［J］. 财经研究（10）：97－108.

王永进，盛丹，施炳展，等，2010. 基础设施如何提升了出口技术复杂度［J］. 经济研究（7）：103－115.

王媛，唐为，2023. 交通网络、行政边界与要素市场一体化——来自上市公司异地投资的证据［J］. 经济学（季刊）（4）：1461－1476.

徐明，冯媛，2021. 大规模交通基础设施建设与县域企业生产率异质性——来自"五纵七横"国道主干线的经验证据［J］. 经济学（季刊）（6）：1969－1992.

徐强，2020. 高铁开通与企业全要素生产率——基于中国工业企业库数据的研究［J］. 现代经济探讨（1）：71－78.

许志成，孙天事，2023. 传统铁路道口改造、交通便利性与城区空间演化［J］. 经济学（季刊）（5）：1936－1953.

杨天宇，贺婷，2011. TFP 增长率与中国的高储蓄率——兼论中美储蓄率差异的原因［J］. 金融研究（4）：16－30.

姚洪江，王昆仑，2023. 中国的低碳交通建设：整合性治理框架下的减碳实践［J］. 世界经济（6）：132－157.

余泳泽，庄海涛，刘大勇，等，2019. 高铁开通是否加速了技术创新外溢？——来自中国 230 个地级市的证据［J］. 财经研究（11）：20－31.

张俊，钟春平，彭飞，2020. 交通可达性的提高是否加剧了中国跨省河流污染？——来自中国工业企业的证据［J］. 经济学（季刊）(2)：617－636.

张梦婷，俞峰，钟昌标，等，2018. 高铁网络、市场准入与企业生产率［J］. 中国工业经济（5）：137－156.

张明志，孙婷，姚鹏，2019. 高铁开通对城市服务业集聚效率的影响［J］. 软科学（8）：44－48.

张睿，张勋，戴若尘，2018. 基础设施与企业生产率：市场扩张与外资竞争的视角［J］. 管理世界（1）：88－102.

张天华，陈力，董志强，2018. 高速公路建设、企业演化与区域经济效率［J］. 中国工业经济（1）：79－99.

张学良，2012. 中国交通基础设施促进了区域经济增长吗？——兼论交通基础设施的空间溢出效果［J］. 中国社会科学（3）：60－77.

张勋，王旭，万广华，等，2018. 交通基础设施促进经济增长的一个综合框架［J］. 经济研究（1）：50－64.

张支南，巫俊，2019. 贸易伙伴国交通基础设施建设与中国对外贸易发展——基于中国与亚投行56个意向创始成员国的实证分析［J］. 经济学报（3）：1－23.

赵光辉，李玲玲，2019. 大数据时代新型交通服务商业模式的监管——以网约车为例［J］. 管理世界（6）：109－118.

赵伟，赵金亮，2011. 生产率决定中国企业出口倾向吗：企业所有制异质性视角的分析［J］. 财贸经济（5）：100－105.

周京奎，王贵东，黄征学，2019. 生产率进步影响农村人力资本积累吗？——基于微观数据的研究［J］. 经济研究（1）：100－115.

周学仁，张越，2021. 国际运输通道与中国进出口增长——来自中欧班列的证据［J］. 管理世界（4）：52－63＋102＋64－67.

祝树金，李思敏，2020. 高铁开通如何影响企业出口产品质量［J］. 宏观质量研究（3）：14－30.

Aghion, P., Fally, T., and Scarpetta, S., 2007. Credit Constraints as a Barrier to the Entry and Post－entry Growth of Firms［J］. Economic Policy, 22: 731－779.

Agrawal, A., Galasso, A., and Oettl, A., 2017. Road and Innovation [J]. Review of Economics and Statistics, 99: 417 – 434.

Ahlfeldt, G. M., and Feddersen, A., 2010. From Periphery to Core: Economic Adjustments to High Speed Rail [R]. LSE Research Online Working Paper.

Aitken, B. and Harrison, A., 1999. Do Domestic Firms Benefit from Foreign Direct Investment? Evidence from Venezuela [J]. American Economic Review, 89: 605 – 618.

Andersson, M. and Karlsson, C., 2002. The Role of Accessibility for the Performance of Regional Innovation Systems [C]. ERSA Conference Papers.

Aschauer, D. A., 1989. Is Public Expenditure Productive? [J]. Journal of Monetary Economics, 23: 177 – 200.

Asker, J., Collard – Wexler, A., De Loecker, J., 2014. Dynamic Inputs and Resource (Mis) allocation [J]. Journal of Political Economy, 122: 1013 – 1063.

Bai, C. E., and Qian, Y. Y., 2010. Infrastructure Development in China: The Cases of Electricity, Highways, and Railways [J]. Journal of Comparative Economics, 38: 34 – 51.

Banerjee, A. V. and Duflo, E., 2014. Do Firms Want to Borrow More? Testing Credit Constraints Using a Directed Lending Program [J]. The Review of Economic Studies, 81: 572 – 607.

Bernard, A. B., Jensen, J. B., Redding, S. J. and Schott, P. K., 2007. Firms in International Trade [J]. Journal of Economic Perspectives, 21: 105 – 130.

Bernard, A. B., and Jensen, J. B., 1995. Exporters, Jobs, and Wages in U. S. Manufacturing: 1976 – 1987 [J]. Brookings Papers on Economic Activity, 63: 67 – 119.

Bernard, A. B., and Wagner, J., 1997. Exports and Success in German Manufacturing [J]. Weltwirtschaftliches Archiv, 133: 134 – 157.

Bougheas, S., Demetriades, P. O., and Morgenroth, E. L. W., 1999.

Infrastructure, Transport Costs, and Trade [J]. Journal of International Economics, 47: 169 – 189.

Brown, J. D. and Earle, J., 2017. Finance and Growth at the Firm Level: Evidence from SBA Loans [J]. The Journal of Finance, 72: 1039 – 1080.

Bustos, P., 2011. Trade Liberalization, Exports, and Technology Upgrading: Evidence on the Impact of MERCOSUR on Argentinian Firms [J]. The American Economic Review, 101: 304 – 340.

Caballero, R. and Leahy, J., 1996. Fixed Costs: The Demise of Marginal Q [R]. NBER Working Paper, No. 5508.

Donaldson, D. and Hornbeck, R., 2016. Railroads and American Economic Growth: A 'Market Access' Approach [J]. Quarterly Journal of Economics, 131: 799 – 858.

Donaldson, D., 2010. Railroads of the Raj: Estimating the Impact of Transportation Infrastructure [R]. NBER Working Paper, No. 16487.

Donaldson, D., 2018. Railroads of the Raj: Estimating the Impact of Transportation Infrastructure [J]. American Economic Review, 108: 899 – 934.

Duranton, G., Morrow, P. M., Turner, M. A., 2014. Roads and Trade: Evidence from the US [J]. Review of Economic Studies, 81: 681 – 724.

Duranton, G., Turner, M. A., 2011. The Fundamental Law of Road Congestion: Evidence from US Cities [J]. American Economic Review, 101: 2616 – 2652.

Faber, B., 2014. Trade Integration, Market Size, and Industrialization: Evidence from China's National Trunk Highway System [J]. Review of Economic Studies, 81: 1046 – 1070.

Fernald, G. J., 1999. Roads to Prosperity? Assessing the Link between Public Capital and Productivity [J]. American Economic Review, 89: 619 – 638.

Fraisse, H., Lê, M., and Thesmar, D., 2017. The Real Effects of Capital Requirements [R]. Tech. rep.

Francois, J., and Manchin, M., 2007. Institutions, Infrastructure, and

Trade [R]. World Bank Policy Research Working Paper, No. 4152.

Fritsch, M. and Slavtchev, V., 2011. Determinants of the Efficiency of Regional Innovation Systems [J]. Regional Studies, 45: 905 - 918.

Fujimura, M. and Edmonds, C., 2006. Impact of Cross - border Transport Infrastructure on Trade and Investment in the GMS [R]. ADB Institute Discussion Paper, No. 48.

Ghani, E., Ghose, A. G., and Kerr, W. R., 2016. Highway to Success: The Impact of the Golden Quadrilateral Project for the Location and Performance of Indian Manufacturing [J]. The Economic Journal, 126: 317 - 357.

Giannetti, M., Liao, G., and Yu, X., 2015. The Brain Gain of Corporate Boards: Evidence from China [J]. Journal of Finance, 70: 1629 - 1682.

Holl, A., 2004. Manufacturing Location and Impacts of Road Transport Infrastructure: Empirical Evidence from Spain [J]. Regional Science and Urban Economics, 44: 341 - 363.

Holl, A., 2016. Highways and Productivity in Manufacturing Firms [J]. Journal of Urban Economics, 93: 131 - 151.

Hsieh, C. - T. and Klenow, P., 2009. Misallocation and Manufacturing TFP in China and India [J]. Quarterly Journal of Economics, 124: 1403 - 1448.

Hulten, C. R., and Schwab, R. M., 1991. Regional Productivity Growth in US. Manufacturing [J]. American Economic Review, 74.

Lai, R. K., 2006, Does Public Infrastructure Reduce Private Inventory? [EB]. Available at SSRN 892267.

Larrain, M. and Stumpner, S., 2017. Capital Account Liberalization and Aggregate Productivity: The Roleof Firm Capital Allocation [J]. The Journal of Finance, 72: 1825 - 1858.

Lelarge, C., Sraer, D. and Thesmar, D., 2010. Entrepreneurship and Credit Constraints: Evidence from a French Loan Guarantee Program [J]. In Lerner and Schoar Eds: International Differences in Entrepreneurship, 10: 243 - 273.

Li, H. , and Li, Z. , 2013. Road Investments and Inventory Reduction: Firm Level Evidence from China [J]. Journal of Urban Economics, 76: 43 - 52.

Li, J. , Rim, G. N. , and An, C. J. , 2019. Impact of Transport Infrastructure on Trade: Evidence from the Chinese Inland Provinces under 'One Belt, One Road' [J]. Open Journal of Business and Management, 7: 2030 - 2046.

Lin, Y. , 2017. Travel Costs and Urban Specialization Patterns: Evidence from China's Highspeed Railway System [J]. Journal of Urban Economics, 98: 98 - 123.

Liu, Q. , and Lu, Y. , 2015. Firm Investment and Exporting: Evidence from China's Value - Added Tax Reform [J]. Journal of International Economics, 97: 392 - 403.

Martincus, C. V. , Carballo, J. and Cusolito, A. , 2017. Roads, exports and employment: Evidence from a developing country [J]. Journal of Development Economics, 125: 21 - 39.

Midrigan, V. and Xu, D. Y. , 2014. Finance and Misallocation: Evidence from Plant - Level Data [J]. American Economic Review, 104: 422 - 458.

Moll, B. , 2014. Productivity Losses from Financial Frictions: Can Self - Financing Undo Capital Misallocation? [J]. American Economic Review, 104: 3186 - 3221.

Nadiri, M. Ishaq and Mamuneas, T. P. , 1994. The Effects of Public Infrastructure and R&D Capital on the Cost Structure and Performance of U. S. Manufacturing Industries [J]. Review of Economics and Statistics, 76: 22 - 37.

Niu, D. , Sun, X. W. , Zheng, S. Q. , 2020. Travel costs, trade, and market segmentation: Evidence from China's high - speed railway [J]. Papers in Regional Science, 99: 1799 - 1825.

Ponticelli, J. and Alencar, L. S. , 2016. Court Enforcement, Bank Loans, and Firm Investment: Evidence from a Bankruptcy Reform in Brazil [J]. The Quarterly Journal of Economics, 131: 1365 - 1413.

Puga, D. , 2010. The Magnitude and Causes of Agglomeration Economies [J]. Journal of Regional Science, 50: 203 –219.

Restuccia, D. and Rogerson, R. , 2008. Policy Distortions and Aggregate Productivity with Heterogeneous Establishments [J]. Review of Economic Dynamics, 11: 707 –720.

Shirley, C. and Winston, C. , 2004. Firm Inventory Behavior and the Returns from Highway Infrastructure Investments [J]. Journal of Urban Economics, 55: 398 –415.

Sraer, D. and Thesmar, D. , 2018. A Sufficient Statistics Approach for Aggregating Firm – Level Experiments [R]. NBER Working Papers, No. 24208.

Stone, S. and Strutt, A. , 2009. Transport Infrastructure and Trade Facilitation in the Greater Mekong Subregion [R]. ADBI Working Paper.

Xu, H. , 2014. Revisit the Silk Road: A Quasi – experiment Approach Estimating the Effect of Railway Speed – up Project on China – Central Asia [C]. ERSA Conference Papers, European Regional Science.

Xu, H. , 2016. Domestic railroad infrastructure and exports: Evidence from the Silk Route [J]. China Economic Review.

Xu, M. , 2017. Riding on The New Silk Road: Quantifying the Welfare Gains from High – speed Railways [R]. Working Paper of University of California Davis.

Yagan, D. , 2015. Capital Tax Reform and the Real Economy: The Effects of the 2003 Dividend Tax Cut [J]. American Economic Review, 105: 3531 – 3563.

Zwick, E. and Mahon, J. , 2017. Tax Policy and Heterogeneous Investment Behavior [J]. American Economic Review, 107: 217 –248.